내 친구 도연명

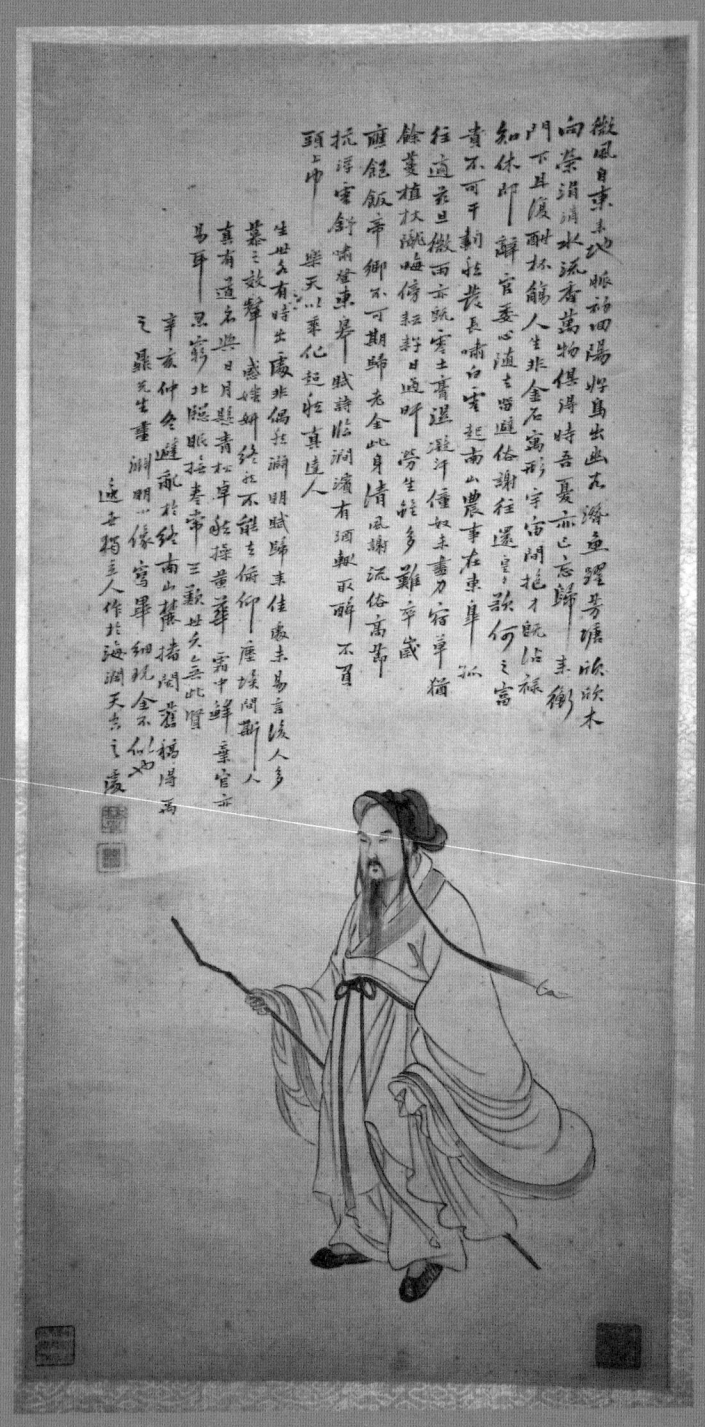

청나라 시대의 궁정 화가 유즈딩(禹之鼎, 1647-1709?)이 그린 도연명 초상.

농사꾼 아나키스트 시인

박홍규 지음

내 친구 도연명

틈새의시간

차례

머리말 · 7
일러두기 · 20

1장 오류선생(五柳先生) 도연명 · 21

도연명은 누구인가? / 도연명은 농사꾼 아나키스트다 / 자신의 제문을 쓰다 / 나는 죽는다 / 내 인생은 가난했기에 즐거웠다 / 농사는 즐거웠다 / 독서와 거문고 덕에 즐거웠다 / 나는 세상과 다르다 / 내 인생에 후회는 없다 / 죽은 나를 잊으라 / 「만가」 / 「형영신」

2장 도연명의 시대, 디스토피아 · 57

나의 도연명 / 매우 간단하게 보는 중국의 역사 / 『삼국지연의』영웅들과 반대되는 도연명 / 위진의 정신과 생활 / 도연명의 상상 속 선조 / 도연명의 3대 조상 / 아들에게 부탁함 / 도연명의 외가

3장 주경야독으로 보낸 성장기(0~27세) · 85

가난한 집안 / 책 읽기로 즐거웠고 거문고로 화답하다 / 사랑 / 「한정부」서문과 1수 / 사랑의 갈망, 「한정부」 2수 / 사랑의 절망, 3~4수 / 「오류선생전」 / 「구일한거」 / 「영삼량」 / 「영형가」

4장 벼슬과 농사 사이에서 방황하다(28~40세) · 117

'내 힘찬 젊은 날' / 28세에서 40세까지의 생애 / 「감사불우부」 / 「권농」 / 「경자년 오월, 도읍에서 돌아오다 규림에서 험한 바람을 만나다」 / 「정운」 / 「시운」 / 「영목」 / 「신축년 1월, 휴가를 마치고 강릉으로 돌아가는 밤길에」 / 「처음으로 진군의 참군이 되어」 / 최초의 농시 / 행려시

5장 농사꾼 아나키스트 출발(41~43세) · 159

농사와 농시의 변화 / 「귀거래사」 / 자연으로 돌아가 농촌에서 살다 / 「독산해경」

6장 남촌의 농사꾼 아나키스트 시인(43세 이후) · 181

「무신년 7월, 화재를 당하고」 / 「환구거」 / 「이거」 / 「경술년 시월, 서전에서 올벼를 수확하고」 / 모든 사람은 형제 / 「잡시」 / 「음주」 / 술과 도 / 참된 귀은 / "무리 잃은 새 한 마리" / 현실 비판 / 전원으로 돌아가기

7장 아나키스트 도연명, 권력을 거부하다(56세 이후) · 215

「의고」 / 동물 사랑, 친구 사랑 / 「걸식」 / 「깨닫는 바가 있어 짓다」 / 「영빈사」

8장 도화원, 농사꾼 아나키스트의 유토피아 · 245

완적의 「대인선생전」 / 도화원 / 「도화원기」 / 「도화원시」 / 도화원과 『노자』 소국과민과 『예기』 대동 / 도화원에 대한 후대의 평가 / 도화원의 아나키즘 / 정약용의 「미원은사가」

맺음말 · 283

도연명 연보 · 291

더 읽어보기 · 293

구마라습 / 굴원 / 상산사호 / 안회 / 유유 / 허행

머리말

 살다 보면 아주 가끔 전혀 내키지 않아도 어쩔 수 없이 고위 관료나 대기업 임원의 집무실과 거처를 방문할 일이 생기곤 한다. 높고 넓은 벽면을 가득 채운 유명 화가의 그림들, 값비싼 클래식 음향기기, 이름 모를 희귀 화초들, 거기에 녹차의 은은한 향기까지… 그 모든 것이 어우러진 풍경 속에 잠시 머무른 적이 더러 있었지만, 단 한 번도 즐겁거나 부럽지는 않았다. 더욱 불행하게도 공식 행사처럼 식사 자리에 함께 앉게 될 때면, 그들은 으레 외국 유학이나 여행 경험을 곁들여 프랑스 요리며 수십 년 묵은 이탈리아 포도주 이야기 보따리를 풀어내곤 했다. 동행한 이들은 으레 그런 분위기와 함께 '높은 분'의 인격까지 고상하다며 감탄을 보냈다. 어떤 이는 자신이 조선시대 고위 관직을 지낸 이의 몇 대 후손이라며, 조상 대대로 전해져 내려오는 족보며 그림, 서화, 칙서 같은 것들을 자랑하며 그것들의 내력을 장황하게 늘어놓기도 했다. 내가 보고 싶은 것은 딱 하나, 노비문서였는데, 유감스럽게도 지금까지는 그걸 보여준 집안을 만난 적이 없다.

요즘 세상을 '성과사회'니 '피로사회'니 하며 진단하는 이들이 있다. 그런 세상에서 벗어나려면 '향기 나는 사색적 삶'이 필요하다면서 '높은 자리에 있는 분들'을 삶의 모범으로 치켜세운다. 그 삶의 뿌리가 조선시대 선비들의 고상한 정신에 있다고도 덧붙인다. 전통과 현대의 조화, 동양과 서양의 화합, 정치와 예술의 통섭. 이 얼마나 근사한 말들인가. 그들은 주말이면 고급 자동차를 몰고 교외의 멋진 별장이나 골프장으로 나가 자연을 만끽한단다. 옛 선비들처럼 바람과 달을 읊조리고, 그 경험을 책으로 엮어 출간해 찬사를 받기도 한단다. 그들은 우리의 지도자일 뿐 아니라 그들의 조상인 선비들이 우리 역사 곳곳에 계셨단다. 그러니 그 삶과 글을 따라 읽기만 해도 오늘의 피로한 사회가 곧 활기찬 사회, 기운 펄펄 넘치는 '박카스 사회'로 탈바꿈할 거라 한다. '헬조선'이란 말은 그래서 어처구니없는 괴변이 되고 만다. 세상이 이렇게나 찬란한데 헬조선이라니. 그야말로 가짜뉴스란다.

바로 '몽유도원도(夢遊桃源圖)'의 세계다. 조선 최고의 걸작으로 꼽히는 이 그림은 1447년 봄, 세종의 셋째 아들 안평대군(安平大君, 1418~1453)이 무릉도원의 꿈을 꾼 뒤 그 내용을 당대 최고의 화가 안견(安堅, ?~?)에게 들려주어 사흘 만에 그리게 했다고 전해진다. 기암절벽 위에 복사꽃이 만발하고, 띠풀로 엮은 초막과 폭포 아래 빈 배가 보이는, 꿈속의 낙원이다. 그림과 더불어 안평대군 등 21명이 남긴 발문(跋文)과 찬문(讚文)은 도연명(陶淵明, 365~427)의 「도화원시(桃花源詩)」와 유사한데 똑같은 풍경이 대군에 꿈자리에 나타났다니 참으로 대단한 대군이다. 대군이 쓴 발문에는 도연명이나 「도화원시」에 대한 언급이 전혀 없으나, 그 내용은 거의 같다.

다른 점은 「도화원시」에 나오는 '도화원'은 기암절벽 밑에 있는 곳이 아니라는 점이다. 아니, 무엇보다 그곳은 왕도 귀족도 없고, 아예 '권력'이란 개념 자체가 없는 무(無)권력의 사회라는 점이 다르다. 세금 걱정 없이 평화롭게 살아가는 백성들의 평등사회, 일종의 아나키 사회다. 반면 「몽유도원도」의 낙원은 왕자인 안평대군과 그 신하들이 은거할 법한 고요한 심산유곡처럼 보인다. 그들에게는 그곳이, 권력자들의 별장이 어우러진 고상한 풍류의 세계다. 그러니 그곳은 무권력의 평등한 아나키가 아니라, 최고 권력의 불평등한 반아나키다. 이는 그림만이 아니라 안평대군이 쓴 발문을 비롯하여 여러 찬문에서도 분명히 드러난다. 그야말로 알맹이는 전혀 다르고 껍데기만 비슷하다. 풍경만 비슷하고 그 속의 사람살이는 전혀 다르다.

안평대군은 세종의 셋째 아들이다. 여덟째 막내아들이던 영응대군(永膺大君, 1434~1467)에게만 해도 노비가 만 명 있었다는 『성종실록』의 기록을 보면, 안평대군 역시 적잖은 재산과 권력을 가졌으리라. 그림이 그려지고 몇 해 뒤, 안평대군과 함께 「몽유도원도」를 감상했던 이들은 권력을 두고 싸웠고, 승자들과 달리 패자들은 사육신과 생육신으로 많이들 죽거나 고통의 삶을 살았다. 이처럼 「몽유도원도」는 반권력의 그림이 아니라 권력의 그림이다. 그리고 그 뒤 임진왜란이 터지면서 이 「몽유도원도」는 일본으로 건너가 일본의 국보가 되었다. 그림의 마지막 운명도 권력의 각축을 보여준다.

권력과 교양을 겸비한 이들은 조선시대뿐 아니라 고려시대에도 많았다. 이를테면 이규보(李奎報, 1168~1241)는 평생 높은 벼슬길에 있으면서도 시를 짓고 거문고를 타며 술을 즐긴 인물이라 하여 '삼혹호선생(三酷好先生)'이라 불렸다. 호는 백운거사(白雲居士), 백운산인(白雲山人)이었다. 흰 구름 속에 산다는 것인가, 흰 구름처럼 떠다닌다는 것인가. 그가 자기보다 800여 년 전 중국에서 살았던 도연명을 사숙하여 도연명의 글은 물론 그 생애까지 닮으려 노력했다는 것은 유명한 이야기다. 하지만 이규보는 가문을 일으키고 명예를 크게 떨치고자 했던 권력 지향의 야심가였다. 출세주의자이자 보신주의자로서 당대 권력을 쥔 무신들이 부르면 언제든 응했고, 기꺼이 권력에 봉사했다. 그런 점에서 권력을 거부하고 평생 가난하게 살았던 도연명과는 근본적으로 달랐다. 하다못해 술에 대한 표현도 도연명의 시는 그의 자연과 전원생활에 대한 동경과 사회에 대한 비판적 시각을 반영하는 반면, 이규보의 시는 현실의 어려움과 고뇌를 잊기 위해 낭만적이고 호방하게 술을 마시고 취하는 삶을 추구한다.

이규보만이 아니다. 이인로(李仁老, 1152~1220)나 이색(李穡, 1328~1396), 정몽주(鄭夢周, 1338~1392)도 마찬가지다. 이인로가 「도화원시」를 모방하여 지은 「청학동기(靑鶴洞記)」는 「몽유도원도」와 마찬가지로 지배자들의 신선놀음이고 정신적 안식처일 뿐이다. 그들이 도연명을 존경하고 그의 시문을 읽었지만, 그것은 선진 문물의 독서에 불과했을 뿐 도연명의 '귀거래'나 시대비판과는 아무런 관계가 없었다. 그들의 모습은 고려를 거쳐 조선으로, 그리고 오늘날까지도 이어지고 있다. 물론 이규보를 비롯한 몇 사람은 도연명을 아예 모르는 채 오로지 권력에 완벽히 탐닉해 무지하고 야만적인 삶을 산 이들보다는 나은 쪽이라 여겨질 수 있다. 소수나마 그와 같은 이들이 있어 다행이라는 평가도 있긴 하다. 하지만 나는 그렇게 보지 않는다. 이 책은 도연명이 이규보를 비롯한 사이비 선비들과는 전혀 다른 사람이었음을 밝혀 이 땅에도 참된 지식인들이 나타나기를 희망하며 쓰는 책이다.

최근 도연명에 버금가는 조선 지식인으로 다산 정약용(丁若鏞, 1762~1836)을 드는 견해가 있다. 특히 정약용이 1801년 장기에 유배되었을 때 쓴 「미원은사가(薇源隱士歌)」가 도연명의 「도화원시」와 유사하다는 이유에서다. 그러나 가평군으로 짐작되는 곳에 있다는 미원은 도화원과 달리 다시 찾을 수 없는 곳이 아니고, 미원의 75가구 농민들은 세상을 등진 도화원의 완벽한 은신이 아니라 세상 속에서 농사를 짓고 살아가며, 미원은 도화원처럼 세금을 내지 않는 무권력의 땅이 아니라는 점에서 다르다. 또한 정약용은 도연명처럼 벼슬을 버리고 농사를 지은 사람은 아니고, 지주로서 자기 땅에 농사를 짓는 소작인들에게 소작료를 받았으며, 귀양지에서 잠시 텃밭을 가꾸었다는 것 외에 스스로 농사를 지은 적은 거의 없는 듯하다.

한때 농사에 뜻을 두기도 했으나, 그 목적은 기울어져 가는 집안을 일으키기 위한 것이었지, 도연명처럼 관료 세계와 등을 지기 위한 것이 아니었다. 정약용은 오매불망(寤寐不忘) 관료 세계에 살기를 꿈꾼 사람이었다.

한반도에 도연명을 처음으로 소개한 사람은 통일신라의 최치원(崔致遠, 857~908?)이었으나, 그는 도연명을 "시와 술로 흥을 누린" 사람으로 보았다. 신라시대나 고려시대에는 도연명의 벼슬이 낮았다는 이유로 무시되다가, 중국에서 높은 벼슬을 한 소동파(蘇東坡, 1037~1101)가 도연명을 중국 최고 시인으로 받들자 고려에서도 별안간 인기를 끌게 되었다. 이는 당시 무신정권이 집권하여 사대부의 은둔생활이 유행한 점과 맞물려 생긴 기이한 현상이었다. 이어 조선시대에 와서 도가풍의 이백(李白, 701~762)이나 소동파가 경원시되면서 주희(朱熹, 1130~1200)가 유교적 시인으로 재조명한 도연명이 다시 인기를 끌었다. 그 인기는 도연명처럼 집 앞에 버드나무 다섯 그루를 심는 것이 유행할 정도로 높았다.

고려시대나 조선시대나 유학의 대종인 주희의 성리학이 한반도를 지배했다. 주희는 성리학이 추구하는 사대부의 전형으로 도연명을 거론하면서 특히 그의 충절을 강조했다. 왕조가 갈리는 위기 시대에 도연명이 진나라에 충성하기 위해 송나라의 벼슬을 거부하고 은거했다는 이유에서였다. 이는 도연명이 벼슬 자체를 거부하고 권력 자체를 부정한 점에 대한 유교적 편견이나 오해에서 비롯된 것이지만, 중국이나 한반도에서는 오랫동안 '절개의 충신' 도연명 관으로 유지되어왔다. 나는 이 점이 도연명에 대한 치명적인 오류라고 보고 이 책을 쓴다. 철저히 반권력적인 도연명을 철저히 권력적인 도연명으로 바꾼 것이 중국 주자학이고 조선 성리학이었다.

조선시대 선비 중에서 권력의 불의에 항거해 생육신의 한 사람이 된 김시습(金時習, 1435~1493)은 평생 벼슬을 마다하고 은거 생활을 한 점에서 조선인 중에서는 거의 유일하게 도연명과 같은 삶을 살았고 동시에 유사한 작품들을 남긴 사대부였다. 그러나 김시습에게서 「도화원시」와 같은 아나키 세계는 볼 수 없다. 김시습과 이황(李滉, 1502~1571)은 그 삶이 비슷하지 않았지만, 적어도 도연명을 좋아한 점은 공통적이었다. 그러나 김시습과 마찬가지로 이황에게서도 아나키란 있을 수 없었다.

도연명은 365년에 태어나 427년에 세상을 떠났으니 62년을 살았다. 평균 수명이 30~40세 남짓이던 당시로서는 제법 장수한 셈이다. 하지만 그보다 거의 천 년 앞서 살았던 노자가 101세, 공자가 72세, 맹자와 장자가 각각 83세까지 살았던 것과 비교하면 짧은 생애다. 농사를 짓지 않았던 다른 도가 사상가나 사대부들과 달리 그가 평생 농사를 짓고 가난하게 살았기 때문일까? 그래도 하찮은 사대부 집안 출신에 하찮은 벼슬이라도 3년 정도 한 하찮은 사대부이기에 일반 농민보다는 좀 더 오래 살았는지 모른다.

도연명은 흔히 자연시인, 전원시인, 은거시인, 생태시인, 생명시인, 음주시인 등으로 불린다. 그러나 나는 그를 '농사꾼 아나키스트 시인'으로 본다. 벼슬을 3년도 채우지 못하고 버린 뒤 평생 농사를 지으며 산 그는 권력이나 권위에 기대지 않고 평등한 농민 공동체를 지향한 아나키 유토피안이었다.

그는 공자나 맹자 같은 사대부로, 혹은 노자나 장자 같은 도사로 살 수 있었지만, 그것들이 참된 삶이 아니라고 보았다. 자신이 바라는 이상사회를 이루기 위해 스스로 농사꾼이 되었고, 그들과는 다른 반권력의 삶, 곧 아나키즘의 삶을 실천했다. 그런 까닭에 나는 도연명의 작품이나 사상을 유교적이거나 도교적이라 규정하는 통념에서 벗어나 이 책을 쓰게 되었다. 굳이 제자백가 식 분류를 따르자면, 그는 '농가(農家)'에 속한다고 할 수 있다. 제자백가 중에서도 농가는 유독 일찌감치, 그리고 완전히 잊혔다. 하지만 지금도 '농가'는 농민의 집, 농민의 삶을 가리키는 말로 살아 있다. 물론 오늘의 농사꾼이 도연명처럼 모두 아나키 농가의 후예라고 할 수는 없을지 모르지만, 나는 그들이 그 후예로 자각하기를 바라는 마음으로 이 책을 쓴다. 이 책은 지금까지 나왔던 도연명 관련 책들과 달리 아나키 농사꾼의 시선에서 공감하며 쓴 도연명의 이야기이다.

도연명도 그러했다. 그는 자신이 공맹 사대부나 노장 도사만이 아니라 당대 사람들과 다르다고 자부했다. 남들과 다름을 부끄러워하기는커녕 도리어 자랑했고, 그것을 자신의 특징이자 능력이자 인격으로 삼았다. 사대부는 평생 벼슬을 좇는 자들이고, 도사는 산에 숨어 산신령 같은 소리를 하는 사람들이다. 둘 다 농사와는 담을 쌓은 자들이다. 도연명은 유교와 도교에 밝았고, 사대부나 도사로 출세할 수 있는 길도 있었다. 그런데도 그는 그 모든 것을 내려놓고,

당대 가장 낮은 자리에 있던 농사꾼의 삶을 선택했다. 그것이 옳은 삶이라 믿었기 때문이다. 그 길이 괴롭고 힘든 일이며, 굶어 죽기 십상이라는 것도 잘 알고 있었고, 실제로도 굶었지만, 그는 그 삶을 기꺼이 택했다. 그래서 나는 그를 농사꾼 아나키스트로 부르며, 그런 도연명이 좋아서 그를 내 친구 삼아 이 책을 쓴다.

세상 사람들과 다르게 산다는 것이야말로 가장 주체적이고 자율적이며 자아 성찰적인 태도다. 그것이 진정한 개인주의이고 인간주의, 휴머니즘이다. 집단이나 전체나 유행에 휩쓸리지 않고 자신이 옳다고 생각하는 길을 온갖 어려움을 무릅쓰고 굳건히 지키는 사람이 진정한 개인이고 인간이다. 그래서 그는 고독하다. 그는 혼자다. 사실 농사꾼의 삶도 고독하다. 농사라는 일 자체가 고독하다. 농사는 홀로 자신과 벌이는 싸움이다. 농사가 협업이라거나 두레라거나 상부상조하는 것은 한 해 농사 가운데 추수할 때와 같이 농사의 특수한 일부만을 말하는 것이고, 대부분 농사일은 혼자서 하는 것이다. 도연명은 중국 역사에서 가장 고독한 사람이고, 유일하게 진정한 개인이라고 해도 과언이 아니다. 집단주의가 지배하는 동아시아에서는 보기 힘든 개인주의자로 기꺼이 고독하게 살았다. 게다가 그는 자발적 가난을 선택했다. 충분히 잘 살 수 있었으나 고독하고 가난하게 자기 길을 갔다.

도연명은 약 1,600여 년 전에 살았던 사람이니 아득히 먼 옛날 사람이고, 마찬가지로 먼 나라인 중국 사람이다. 그가 죽은 427년에 백제 19대 왕인 구이신왕(久尒辛王)도 죽었다는데 그에 대해 내가 아는 것은 아무것도 없다. 그뿐만이 아니라 모든 왕에 대해 알 필요가 없다. 그 무렵 백제는 물론 신라나 고구려에도 시인들이 있었을 텐데 역시 아는 사람이 없다. 내가 아는 우리의 시인 중 최초의 사람은 최치원이다. 그는 도연명보다 약 500년 뒤에 태어났지만, 그의 시를 열심히 읽어보아도 느끼는 바가 별로 없다. 그러나 도연명의 시는 내게 늘 감동을 준다. 어린 시절에도 그랬고, 일흔이 넘은 지금도 그렇다. 그 말고도 수많은 중국 시인들이 있지만, 그중에서 진심으로 좋아하는 이는 드물다. 한때는 두보와 이백의 시도 좋아했지만, 지금은 마음이 가지 않는다. 소설가 가운데서는 오직 루쉰(魯迅, 1881~1936)만이 여전히 마음에 남는다.

도연명은 지금 중국의 중남부, 장강(長江, 우리는 흔히 양자강이라고 한다)의 서쪽에 있어서 장시(江西)라는 성의 주장(九江)시에서 태어났는데, 도연명이 살았을 때 주장시는 시상(柴桑)과 팽택(彭澤)이라는 두 현이었다. 도연명은 40세에 팽택령(彭澤令)이라는 우리의 면장 정도인 마지막이자 평생 최고로 높은 벼슬을 했지만 80일 만에 그만두고, 그 뒤 41세부터 62세까지 21년 동안 농사를 짓다가 죽었다. 그전에도 어려서부터 농사를 지었으니 그의 평생 직업은 농사꾼이라 할 만하다. 농사꾼이란 말이 차별어라고 하면서 농민이나 농부나 농군이라고 해야 하지 않나, 하고 따질 분이 계실지 모른다. 그러나 이 책의 제목을 구성하는 단어 중 하나인 '아나키스트'라는 말에는 '농사꾼'이라는 표현이 가장 잘 어울린다.

내가 아는 농사꾼 아나키스트는 적어도 동아시아에서는 도연명

뿐이다. 아니다. 내가 아는 한 참된 농사꾼은 모두 아나키스트다. 땅을 사랑하고 그 땅으로 먹고살며, 농사를 방해하는 것은 어떤 권력이든 거부하기 때문이다. 이 지구상에 사람이 생겨난 뒤 지금까지 거의 그렇게 살았다. 인류 대다수는 태곳적부터 농사꾼이었다. 대부분 글을 쓰지 못했다. 자신의 삶과 생각을 글로 남긴 농사꾼은 도연명이 유일할지 모른다. 그래서 나는 이 책을 쓴다. 내 조상을 비롯하여 이 세상 모든 이의 조상이었던 농사꾼을 위해 농사꾼의 목소리로 농사꾼을 대변해준 도연명에 관한 책을 쓴다.

언젠가 도연명과 견주어지는 미국의 소로(Henry David Thoreau, 1817~1862)에 대해 무료 강연을 하던 중 요즘처럼 바쁜 세상에 그런 '한심한 한량' 이야기를 왜 하느냐고 자리를 박차고 나가는 사람을 본 적이 있다. 그 뒤로 대중 강연 공포증이 생겨 가능한 한 하지 않으려고 한다. 그런 사람들은 지금 내가 쓰는 이런 책도 쓰레기 취급할지 모르겠지만, 그들이 일부러 돈을 내고 사보지는 않을 터이니 조금은 안심한다. 그래도 그런 사람들의 매서운 경멸조의 눈초리가 빅브라더의 그것처럼 등 뒤에 아프게 꽂힌다. 그러나 그들의 조상도 나의 조상처럼 분명 농사꾼이었을 것이다. 그들처럼 농사꾼 중에는 소위 '보수적이고' '친권력적인' '물질주의에 젖은' 사람들이 많다는 것을 나는 잘 알고 있다. 그러나 그것은 가난하기에 생긴 일종의 병 같은 것이지 그들의 본래 모습이 아니라고 나는 믿고 언젠가 본래의 아나키를 회복하리라고 기대한다. 그래서 이 책을 쓴다. 물론 농사꾼만이 아니다. 우리 모두의 아나키를 회복하기 위해서 이 책을 쓴다. 인간은 원래 자유로운 존재로 다른 사람들과 자치하며 사회를 이루고, 자연과 조화하는 세상에서 살아간다. 그러나 요즘은 세상이 잘못되어 그런 자유-자치-자연이 국가권력과 자본권력 등에 의해 철저히 짓밟히고 전도 당했다.

도연명과 소로(1817~1862), 톨스토이(1828~1910)와 간디(1869~1948)는 여러 가지로 유사하다. 네 사람 모두 소박하고 독립적인 자유인의 삶을 추구하여 자연으로 들어갔다. 그들은 가난한 사람들보다 더 간소(簡素)하고 결핍된 삶을 스스로 택해 자신들이 한 말이나 글과 똑같이 살았다. 바로 자발적 가난의 삶이고 반권력의 삶이었다. 지금 말하는 생태주의가 자연주의나 소농주의, 전원주의나 은거주의에 그쳐서는 안 된다는 것을 그들은 여실히 보여준다. 특히 지금 상황에서는 과거의 소농 공동체로 돌아가는 것이 모든 문제점을 해결하는 만능 해결책이라 볼 수 없다. 그렇게 돌아갈 수도 없고 돌아갈 필요도 없다. 도연명은 1660년 전의 농사꾼이었지만 지금 우리는 그런 농사꾼으로 살기가 어렵다. 그들의 자발적 가난과 반권력을 닮아야 하지만 그들의 삶을 그대로 모방할 수는 없다.

이 책은 소로를 비롯해 내가 사숙해온 이들에 관해 써온 글들과 마찬가지로, 내 마음속의 스승이자 영원한 친구인 도연명에 관해 쓴 글이다. 그의 삶을 따라 다시 내 삶을 다잡고자 썼다. 이 글은 남은 생을 더 성실히 '농사꾼 아나키스트'로 살아가겠다는 나 자신과의 약속이기도 하다. 도연명의 삶과 글 역시 그런 자기 약속의 맹세였다. 나는 남들을 위해 글을 쓴 적이 없다. 남들에 대해 쓴다는 말도, 인류를 위해 쓴다는 말도, 나에겐 헛소리일 뿐이다. 내가 할 수 있는 일은 내 삶을 스스로 단단히 붙드는 것, 그리고 그 다잡음을 위해 글을 쓰는 것뿐이다. 이처럼 개인적인 경계(警戒)로 쓴 글을 책으로 만들어준 틈새의시간에 감사하며, 이 책을 건네받을 미래의 독자들에게도 고마움을 전한다.

2025년 11월
도연명 탄생 1660주년을 기리며
박홍규

일러두기

1. 한문 인용 방법
중국이나 한국에서는 한문이나 한시의 원문을 적은 뒤 번역문을 쓰는 것이 일반적이지만, 이 책에서는 원문을 생략하고 내가 번역한 번역문만 실었다. 한문을 모르는 사람들이 많고, 꼭 한문을 보고 싶다면 인터넷이나 다른 책에서 얼마든지 찾아볼 수 있기 때문이다. 한시의 제목은 짧은 것이면 한문 그대로 적고, 긴 것이면 번역해 표기했다. 가령 「閑情賦」는 「한정부」로 표기하고, 「始作鎭軍參軍經曲阿」는 「시작진군참군경곡아」라고 표기해서는 무슨 말인지 알 수 없기에 「처음으로 진군의 참군이 되어」로 번역해 표기했다. 제목의 한글에 중국어를 병기하는 경우 제목 안에 넣지 않고 별도의 괄호 속에 넣었다. 가령 「한정부(閑情賦)」 같은 식이다. 책은 『도연명』과 같이 표기했다.

2. 연월일 표기 방법
도연명에 대한 연도 표시는 중국이나 한국 등의 문헌에서 대부분 태어나면서 바로 1세로 하는 방식을 취하고 있으나, 이 책에서는 태어나면 0세, 1년 뒤 1세로 보는 방식을 취했다. 그래서 기존의 책에서 표기하는 연도보다도 1년이 빠르다. 월일 표기도 음력이 아니라 양력으로 바꾸어 표기한다. 그것이 지금 우리의 월일 감각에 맞는 것이기 때문이다.

3. 인용 약호
두 번 이상 인용하는 문헌은 다음과 같은 약호를 사용해 인용했다.
김창환1 - 김창환, 『도연명의 사상과 문학』, 을유문화사, 2009.
김창환2 - 김창환 옮김, 『도연명 시집』, 연암서가, 2014.
김학주 - 김학주 옮김, 『도연명』, 명문당, 2013.
리쩐치엔 - 리쩐치엔(李錦全), 장세후 옮김, 『도잠 평전』, 연암서가, 2020.
오오야네분지로 - 오오야네분지로(大失根文次郞), 『陶淵明研究』, 早稻田大學出版部, 1967.
이성호 - 이성호 옮김, 『도연명전집』, 문자향, 2001.
이츠카이토모요시 - 이츠카이토모요시(一海知義), 『陶淵明』, 岩波書店, 1997.
이치수 - 도연명 지음, 이치수 역주, 『도연명 전집』, 문학과지성사, 2005.
차주환 - 차주환 옮김, 『한역 도연명 전집』, 서울대학교출판부, 2001.
첸즈시 - 첸즈시(钱志熙), 이규일 옮김, 『도연명전』, 글항아리, 2015.
카마타니다케시 - 카마타니다케시(釜谷武志), 『陶淵明』, 明治書院, 2021.

1장

오류선생(五柳先生) 도연명

도연명은 누구인가?

 '학을 떼다.'라는 말이 있다. 그 '학'은 학질(瘧疾)이라는 무서운 전염병의 준말이다. 지금은 말라리아로 불리지만 여전히 매년 2~3억 명이 감염되고 수백만 명이 사망하여, 전염병으로 인한 사망자 수가 1위인 가장 무서운 전염병이다. 지금은 약이나 백신이 있지만 약 1,600여 년 전 도연명이 살았던 시대에는 학질에 걸렸다 하면 그냥 죽기 마련이었다. 그것도 엄청난 고통을 수반하면서 말이다. 체온이 41도까지 오르고 침구나 옷을 적실 정도로 심하게 땀을 흘리며 두통, 구역, 설사, 섬망, 혼수 등의 증세에 시달리다가 열흘 정도 뒤에 죽는 것이 보통이었다. 그 학질을 떼기가 너무 힘들어 죽을 만큼 고통스러울 때면 '학을 떼다'라고 말한다.
 이 책의 주인공인 도연명이 그렇게 살다가 죽었다. 생각할수록 마음이 너무 아프다. 죽었을 때만이 아니라 평생을 그렇게 살았다. 걸식해야 했을 정도로 가난하고 힘든 적도 있었다. 다섯 아들과 아내 그리고 병석에 누운 어머니까지 두고 걸식을 했다니, 눈물이 앞을 가린다. "여름날에 진종일 배를 주리고 / 겨울밤에는 이불도 없이 잠을 자네."라는 식의 가난 타령은 그의 시에 단골처럼 등장한다. 그렇게 62년을 살다가 학질에 걸려 죽었다. '학을 떼는' 삶을 마쳤다. 그런데 그는 그렇게 살지 않을 수도 있었다. 그래서 마음이 더 아프다. 남들처럼 잘 먹고 잘살 수 있었는데 일부러 그렇게 살았기에 더 슬프다.

초여름에 학질에 걸려 오래 앓던 그는 그해 10월에 세상을 떠났다. 그 두 달 전인 8월, 자기 삶을 돌아보며 쓴 글이 있다. 제문(祭文)으로 써달라며 스스로 지은 글인 「자제문(自祭文)」이다. 이 글을 읽노라면 더욱더 마음이 아려온다. 제문이란 죽은 사람에 대하여 애도의 뜻을 나타낸 글로 흔히 제물을 올리고 축문(祝文)처럼 읽는 것인데, 아래에서 보는 도연명의 「자제문」은 그가 죽었을 때 읽히기를 원해 쓴 것이지, 매년 되풀이되는 제사용으로 쓴 것은 아니다. 그는 매년 제사를 지내지 말라고 명시하지는 않았지만, 자기가 죽은 뒤 잊으라고 한 것을 보면 제사를 거부한 것으로 볼 수 있다.

제사는 세계에서 유일하게 한국에서만 지내는 것으로 그 뿌리는 유교다. 특히 오늘의 한국에는 유교라는 것이 조상제사로만 남아 있는 듯하다. 매우 진보적이었고 특히 일찍부터 루쉰에 심취하여 반유교를 주장한 중국의 문화혁명에 깊이 공감했던 이영희 선생마

저 감옥에서도 제사를 지냈다고 하는 이야기를 듣고 한국인에게 제사는 정말 뿌리 깊은 것이라고 개탄한 적이 있다. '진보적'이라는 수많은 사람이 '우리 것'이라며 유교는 물론 불교나 도교, 심지어 무속에도 공감하는 세상이다. 서양의 오리엔탈리즘에 반발하면서 동양 것이나 한국 것은 무조건 좋다는 사람들도 있다. 특히 서양 학문을 한 사람들이 그런데, 그들은 서양 학문은 절대 비판하지 않는다.

도연명은 유교가 중국의 국교가 된 한나라 이후의 사람이기 때문에 당연히 유교인이고 사대부이지만, 뒤에서 보듯이 그는 유교에 대해 대단히 비판적이었다. 당시 성행한 도교나 불교에도 관심이 있었으며, 당시에는 명맥이 끊겼던 '농가'를 계승하고 완성한 사람이기도 했다. 농가는 왕을 포함한 모든 사람이 자신의 노동으로 자신의 생활을 유지해야 한다고 주장하고, 봉건지주의 착취나 농민에 대한 상인의 이윤추구를 배척하면서 그것들에 저항하였다. 인간은 모두가 직접 노동하여 생활에 필요한 것을 충족해야 하고, 노동의 결과로 나온 잉여(剩餘)는 각 노동자에게 귀속시켜야만 천하가 고루 공평하게 된다고 하였다.

도연명은 농사꾼 아나키스트다

도연명은 단 3년 만에 벼슬을 그만두고 평생의 업으로 농사를 선택했다. 그러나 이는 흔히 말하듯 '자연과 전원에 은거'했다는 뜻만이 아니다. 그는 도시에서의 벼슬살이보다 시골에서 자기 손으로 일구는 농사일이 인간을 가치 있게 만든다고 믿었다. 왕을 포함한 모든 이가 농사꾼으로 살아야 한다는, 평등한 삶의 원리를 그는 지향했다. 그러한 선택은 농업을 가장 중시한 농가(農家) 사상의 실천이기도 했다. 그는 왕이나 귀족을 명시적으로 거부하지는 않았지만, 그가 꿈꾼 '도화원'에는 그런 권력 계급이 없고, 국가도 없고, 따라서 국가가 백성에게서 강제로 걷는 세금도 없다. 요컨대 권력이 없다. 권력이 없기에 자유롭고, 사람들은 함께 자연 속에서 자치한다. 그런 무권력, 반권력을 말하기에 나는 도연명을 아나키스트로 본다. 그것도 농사꾼 아나키스트로 본다.

뒤에서 보듯이 그는 처음부터 아나키스트는 아니었다. 유교인으로 자랐기에 한때 조상제사도 지냈을 것으로 짐작되지만, 그것을 명시한 글을 남기지는 않았다. 조상제사는 유교인, 특히 사대부에게는 가장 중요한 일이었다. 그가 쓴 글은 소위 상상력으로 쓴 것이 아니라 자기 생활을 적나라하게 적은 것이었기에 당시 유교 사회에서 가장 중시된 제사를 지냈더라면 분명 글로 남겼을 것이다. 그러나 조상제사를 언급한 적이 없으므로 나는 그가 조상제사를 지내지 않았을 수도 있다고 생각한다. 왜냐하면 도연명은 유교의 허례허식에 대단히 비판적이었기 때문이다.

그가 유교인임을 보여주는 유일하게 명백한 증거는 벼슬이다. 그러나 아래에서 보듯이 벼슬을 하면서도 그는 끝없이 회의했다. 그것에서 벗어나려고 부단히 몸부림쳤다. 유교인임을 회의한 것이다.

그리고 그런 회의로 인한 방황이 끝나자 더는 벼슬에 연연하지 않았고, 글에서 언급조차 하지 않았다. 바로 41세에 시골에 들어가서 쓴 「귀거래사(歸去來辭)」 이후부터다.

그가 살았던 시대는 그야말로 '학을 떼다.'라는 말 한마디로 요약될 만큼 힘들고 어지러운 시대였다. 그가 쓴 대다수의 '농시(農詩)'가 보여주듯이 당시 농민들은 굶주렸지만, 지배계급에 속한 '유교인'들은 출세를 위한 경학(經學) 공부에만 열중했다. 그중에서도 양심이 있는 자들은 유학을 버리고 도교나 불교에 심취해 은거했다. 그러나 그런 '은거 유교인'들도 '출세 유교인'들과 마찬가지로 명예와 이득에 눈이 어두웠다. 당대의 지식인 중에서 백성들처럼 평생 농사를 지은 사람은 도연명뿐이었다. 농사를 짓는 농사꾼으로 그는 모든 농사꾼을 같은 인간으로 대접했다. 반면 '출세 유교인'은 물론 '은거 유교인'도 멸시했다. 따라서 적어도 「귀거래사」 이후 그는 '유교인'이나 '사대부'나 '선비' 따위가 아니라 그냥 농사꾼이었다.

나는 도연명의 시를 '농시'라 부른다. 농사꾼이 농사에 대해 노래한 시이기 때문이다. 흔히 그의 시를 중국 전통의 하나인 '은거문학'이나 '자연시', '전원시'로 분류하지만, 나는 그를 유일한 '농시인'으로 바라볼 필요가 있다고 생각한다. 내가 처음으로 '농시'라는 말을 쓰는 이유 중 하나는 우리에게도 그런 시들이 많이 나오기를 바라기 때문이다. 고려나 조선에도 도연명을 따르는 시인들은 많았지만, 그처럼 농사꾼으로서 쓴 시, 곧 '농시'는 없었다. 도연명의 농시는 양반들의 음풍농월(吟風弄月)이나 풍월(風月)이 아니다. 그의 시는 농사꾼의 기쁨과 괴로움, 그 삶의 질감이 담긴 시다. 그리고 그 정신이 가장 집약되어 나타난 글이 바로「자제문」이다.

그의 시는 농사에 대한 노래일 뿐 아니라, 더 나아가 '자기시(自己詩)', '자아시(自我詩)'다. 도연명은 늘 자기 자신의 삶을 썼다. 자신의 생활, 자신의 기억, 자신의 감정을 시에 담았다. 그래서 그의 시는 곧 '자서전'이고, 그의 문학은 '자기문학', '자술문학', '추억문학'이다. 이처럼 철저히 자기 자신을 응시한 시는 확고한 자아 없이는 쓸 수 없다. 그는 시의 역사에서 가장 주체적이고 자율적인 시인이었고, 누구보다 자유로운 자유인이었으며, 스스로 삶을 다스린 자치인이자 자연인이었다. 그는 살아 있는 동안뿐 아니라 죽음까지도 스스로 준비했다. 그래서 자신의 제사에 바칠 글까지 스스로 썼다.

자신의 제문을 쓰다

나는 태어나 지금까지 제문을 들어본 적도, 적어본 적도, 읽어본 적도 없다. 그러나 제사 때마다 축문 낭독은 들었다. 신령에게 청원하는 글이라는 축문은 대부분 유세차(維歲次, '이해의 차례(次例)는'이라는 뜻)로 시작되는 기본 격식을 갖춘 글을 그대로 모방하여 읽는 것이다. 따라서 도연명의「자제문」이야말로 내가 처음이자 어쩌면 마지막으로 읽어본 것일 터다. '마지막'이라고 함은 나 역시 도연명처럼 제사 반대론자이기 때문이다. 적어도 나의 제사를 지내지 말기를 바라지만, 내가 죽은 뒤의 일이므로 어떻게 될지 알 수는 없다.

그런데 제문은 본인이 쓰는 것이 아니라 남들이 쓰는 것이다. 자식이나 친구 또는 친척이 쓰는 것이 보통이다. 요즘 유행한다는 가상 장례식에서 하는 것처럼 스스로 쓸 수도 있겠지만, 그런 경우는 대부분 자신을 잘 보이게 하려고 쓰는 것일지도 모른다. 그 비슷한 것이 이황의 「자비문(自碑文)」과 정약용의 「자찬 묘지명(自撰 墓誌銘)」이다. 먼저 이황 자신이 쓴 묘비명부터 보자.

> 태어나서는 크게 어리석고
> 자라서는 병도 많았네.
> 중년에 학문을 좋아하고
> 만년에 벼슬을 했었네.
> 학문은 구할수록 멀어지고
> 벼슬은 마다해도 자꾸 내려지네.
> 벼슬에 나가 잘못 있었고
> 물러나 은거하기로 하였네.
> 나라의 은혜에 매우 부끄럽지만
> 성현의 말씀이 두려웠네.
> 산은 높고 높이 솟아있고
> 물은 끊임없이 흐르누나.
> 벼슬살이 벗어나 한가로우니
> 뭇사람 비방에서 벗어났구나.

나의 뜻이 이렇게 막히니
나의 학문 그 누가 즐기리.
내가 옛사람을 생각하니
실로 내 마음과 같구나.
어찌 알리오 다음 세상이
지금의 내 마음을 알지 못하리라고.
근심 속에 낙이 있고
즐거움 속에 근심 있네.
조화를 타고 돌아가니
다시 무엇을 구하리오.

  위 이황의 자비문을 도연명의 자제문과 함께 노장이나 불교가 아니라 유교 사상의 체현인 점에서 같다고 보는 견해*가 있으나, 이는 이황의 글이 철저히 유교적인 반면 도연명의 글은 유교를 벗어나 있음을 간과한 것이다. 여하튼 이황의 묘비명이 겸양의 미덕을 보인다면 정약용의 「묘지명」은 자기 자랑으로 가득하여 대조적이다.
  정약용은 먼저 부모를 자랑한 뒤 자신이 "매우 영리했고 자라서는 학문을 좋아했다."라고 하면서 22세부터 과거 급제와 각종 벼슬을 비롯하여 출세의 반열에 올랐던 일을 엄청난 자부심으로 회고한 뒤, 음모에 의해 유배되었지만 유배지에서조차 엄청난 저술을 했다

---

* 김주순, "퇴계시(退溪詩)에 나타난 도연명(陶淵明)의 수용양상(受容樣相)", 중국어문학, 제45집 (2005), 31쪽.

고 자랑한다. 특히 "임금께서 총애하고 예뻐하고 칭찬하신 것이 동료들보다 훨씬 많았다."라고 하면서 하사받은 "진귀하고 기이한 물건이 하도 많아서 다 적을 수 없을 정도다."라고 노골적으로 밝히며, 명문 출신인 아내들과 자녀들에 대해서 자랑스럽게 말하는 것으로 글을 마친다. 그야말로 금수저 출신으로 크게 성공한 자의 자기 찬양 일색이다. 그것을 묘비에 새겨 천년만년 자랑하고자 했다니 참으로 대단한 사람이다.

이러한 정약용의 「자찬 묘지명」은 도연명의 「자제문」과는 전혀 다르다. 아래에서 보듯이 도연명의 글에는 부모나 벼슬, 아내나 자녀 등에 대한 언급을 포함하여 자기 자랑이 전혀 없고,* 자신의 서글픈 삶과 죽음에 대한 성찰뿐이다. 형식도 다르다. 정약용의 글은 묘지를 만들 미래를 예상하여 지금 쓰는 것임을 밝히고 있으나, 도연명의 글은 자신이 죽었다는 것을 가정하고 쓴 허구의 소설 같은 글이다. 정약용이 만일 「자제문」을 썼다면 「자찬 묘지명」처럼 썼을 것이다. 정약용만이 아니라 중국에서든 한국에서든 사대부들은 그런 글을 썼을 것이고, 도연명과 같은 글은 쓰지 않았을 것이다. 그런 점에서도 도연명의 글은 특이하다. 정약용의 글은 제목이 '묘지명'이지만 사실은 자신의 행적을 자랑하고 그걸 미래에 알리고자 하는 글이다. 반면 도연명의 글은 그 반대다. 죽음을 앞둔 노인이 죽을 때

---

* 뒤에서 보듯이 도연명은 조상에 대해 한 번 언급한 적이 있으나, 자식에 대해서는 아들들을 책망하는 글만을 남겼고, 아내에 대해 언급한 적은 한 번도 없다. 벼슬에 관한 이야기가 가끔 시에 나오지만, 이는 벼슬을 자랑하려 함이 아니라 벼슬을 부끄러워해서다.

까지 가난한 농사꾼으로 살기 위한 다짐의 글이다. 자기 예찬이 아니라 자기 경계의 글이다.

도연명은 「자제문」과 유사한 허구적인 소설을 많이 썼다. 뒤에서 보는 「도화원시」나 「오류선생전(五柳先生傳)」도 마찬가지다. 그러나 중국의 전통적인 유교 사회에서는 그런 허구적인 소설이 가치를 인정받지 못했다('작은 이야기'라는 뜻의 소설小說이라는 명칭 자체에서 소설을 무시하는 냄새가 난다). 유교는 철두철미 현실주의 기반이기 때문이다. 이는 『논어』 「술이(述而)」 편에서 "공자는 괴이(怪異), 용력(勇力), 반란(叛亂), 귀신(鬼神)에 대한 것을 말씀하지 않으셨다." 라고 한 이후의 전통이다. 그런 점에서 유교는 상상을 거부한다. 유교에는 공상이 없다. 유토피아도 없다. 철저한 현실 지상주의다. 그러면서도 제사나 삼년상을 주장하는 모순을 보인다. 그래서 묵자(墨子, 기원전 480?~390?)는 귀신도 없는데 제사를 지내라는 공자 말은 앞뒤가 맞지 않는다고 비판했다.

그런 유교 전통에서 도연명은 철저히 벗어났다. 바로 이 점에서 그는 유교의 이단아이자 반유교적인 인간이다. 그는 현실에 만족하지 못하고 불만을 품고 산다. 한마디로 불평분자다. 그래서 꿈을 꾼다. 도화원도 그 꿈에서 나온다. 여하튼 내가 내 제문을 쓸 일은 없고, 남의 제문을 쓸 일도 없다. 그래서 도연명의 이 제문에 대해서도 제문으로서의 가치를 인정하지 않지만, 그 글이 그의 인생을 요약하고 인생에 대한 그의 태도를 전반적으로 보여주는 문장이기에 먼저 소개한다.

나는 죽는다

죽음을 말하는 첫 번째 단락부터 보자. 전반부는 죽음을 말하고 후반부는 자신의 장례를 묘사한다.

427년 시월* 하늘이 차고 밤은 길고, 쓸쓸하고 스산한 바람 불어 기러기 남쪽으로 날아가고, 초목은 누렇게 시들어 떨어진다. 나 도연명은 이제 잠시 머물던 인생이란 여관을 떠나 본가로 영원히 돌아간다. 정든 사람들이 애절하게 슬퍼하며 오늘 밤 나를 제사 지내 떠나보낸다. 좋은 채소 차려 놓고 맑은 술을 따른다. 내 낯빛은 이미 어둡고 숨소리도 들리지 않는다. 아! 슬프다.

도연명에게 죽음은 모든 생명의 필연적인 과정일 뿐이고, 특별한 형이상학적 의미를 담는 인생사가 아니다. 삶은 나그네가 잠시 들르는 여관일 뿐이고, 죽음은 나그네의 걸음이 끝나고 영원히 머물게 되는 본가(本家)에 불과하다.** 본가이니 어쩌면 처음에 그곳에서 비롯되었을지도 모른다. 그러니 조금도 두려워할 필요가 없다. 본가에서 태어나 밖에 나와 살다가 다시 본가에 돌아가 죽는 것일 뿐이다. 그렇다고 본가에 형체가 있는 것도 아니다. 본가는 무(無)다. 그 무에서 태어난 유(有)가 결국 다시 무로 돌아가는 것이 삶이

---

* '정묘년 음력 구월'을 바꾼 것.
** 여관과 본가의 비유는 「잡시」 7수에서도 반복된다.

다. 그러니 두려워할 것이 없다. 힘든 나그넷길이 끝나 두려울 게 없기 때문이다. 그것은 삼라만상의 자연스러운 변화 가운데 하나일 뿐이다. 출생도 사망도 그 변화 중 하나일 뿐이다.

이러한 사생관은 유교나 불교와 달리 도교, 특히 장자의 사생관에서 비롯된 것이라고 할 수 있다. 『장자』 「지북유(知北遊)」 편에서 장자는 사람이 태어난 것은 기(氣)가 모이는 것이고, 기가 흩어지면 죽음이 된다고 했다. 유교에서도 삶과 죽음을 음양(陰陽)이 모이는 것과 흩어지는 것으로 본다. 즉 만물의 생성 요소를 기로 보고, 기가 모여서 만물이 생기고, 기가 흩어지면 소멸한다고 본다. 『논어』 「선진(先進)」 편에서 공자는 "삶을 알지 못하는데 어찌 죽음을 말할까?"라고 하였으나 귀신을 부정한 것은 아니고, 상례와 제례를 중시하여 『논어』 「팔일(八佾)」 편에서는 "조상의 제사를 지낼 적에는 조상이 살아계신 듯이 하고, 산천의 신에게 제사를 지낼 적에는 신이 살아계신 듯이 여기라. 제사에 참여하지 않으면 안 지냄과 같다."라는 말을 남겼다.

유교에서는 귀신의 실체를 인정하지 않지만, 사람이 죽으면 백(魄)이 되어 땅으로 돌아가고, 혼(魂)이 되어 하늘로 펼쳐지는 것이라고 본다. 계급의식이 철저한 유교에서는 사람(人)이라고 하는 군자의 죽음을 종(終), 서민이나 소인의 죽음을 사(死)로 구분했다. 소인은 '사람'이 아니라 '백성(民)'이라 하여 도를 깨닫지 못한 존재로 여겨졌다. 이들은 죽으면 육체가 썩어 사라진다는 의미에서 '죽을 사(死)'로 기록되었다. 반면 대인, 곧 군자는 죽음을 속세의 삶을 마치고 진정한 도에 들어가는 과정으로 보아 '마칠 종(終)'으로 썼다. 의리와 절개를 위해 스스로를 희생하는 '살신성인(殺身成仁)'의 개념도 여기서 비롯되었고, 이는 곧 선비정신으로 칭송되었다. 죽음마저 계급에 따라 철저히 구분한 것이니, 참으로 대단한 유교라 하지 않을 수 없다.

한편 불교에서는 삶과 죽음은 동일하고 죽음을 연속적인 삶의 이행 과정이고, 생사를 시작과 끝이 아니라 윤회의 동일한 연장선에 놓여 있다고 보았다. 사후 세계도 존재하지 않아 깨달음을 얻어 윤회의 고리를 끊는 '해탈'을 궁극적 목표로 삼았다. 한나라에 와서 승려 혜원(慧遠, 334~416)은 인간의 정신은 불멸한다고 보는 신불멸론(神不滅論)을 주장했지만, 도연명은 이를 부정하고 불교에서 말하는 사후 세계를 거부하고 죽으면 정신도 함께 사라진다고 보았다.

이처럼 도연명의 사생관은 유교나 불교와 다르고 노장과 같다고 볼 수 있다. 그렇다고 해서 죽음을 슬퍼하지 않은 것은 아니다. 그것은 인지상정이지 않은가. 그러니 이를 이유로 도연명의 사생관이 일관적이지 않다(김창환1, 55쪽)고 볼 수는 없다.

내 인생은 가난했기에 즐거웠다

두 번째 단락은 가난한 생활에 대한 묘사다.

드넓은 대지 아득히 높은 하늘. 하늘과 땅이 만물을 낳고 나는 사람으로 태어났다. 사람으로 태어나 가난한 운명을 만났기에 밥그릇은 자주 비고 거친 베옷으로 겨울을 보냈다.

도연명에게 출생은 특별한 의미를 갖는 것이 아니다. 그에게 인간은 만물의 영장이 아니라 만물 중 하나일 뿐이다. 도연명에게는 만인이 평등할 뿐 아니라 만물이 동등하다. 그는 인간이 만물의 영장이어서 즐겁고, 인간 중에서도 여자가 아니라 남자여서 즐겁고, 장수해서 즐겁다는 도교의 영계기(榮啓期)가 말한 '군자삼락(君子三樂)' 따위의 이야기와 무관하다.

그러나 가난은 도연명의 삶 자체였다. 유가나 도가는 도를 중시하고 가난과 영달을 중시하지 않았다. 그 점에서는 도연명도 마찬가지다. 그러나 공자나 장자와 달리 도연명은 평생 가난하게 살아야 했기에 그의 시는 가난을 즐겨 다룬다. 하지만 주목할 점이 있다. 도연명에게 가난은 자신의 길을 지키기 위한 소위 '조건'일 뿐, 가난 그 자체에 대한 불만에서 이를 언급하는 것이 아니다. 즉 그의 가난은 자발적 가난이었고, 스스로 선택한 가난이기에 고통스러운 것이 아니라 즐거운 가난이었다.

그가 살았던 시대는 정글의 시대였다. 벼슬을 통한 재물 확보와 증대만이 그 시대의 유일한 가치였다. 그러한 시대와 반대되는 길이었던 도연명의 자발적 가난은 자신이 추구하는 도(道)가 벼슬이나 재물과 화해할 수 없는 대립 관계에 있다고 하는 자각, 그리고 그

도는 자연 속에서 농사를 지음으로써 이룰 수 있고, 함께 농사를 짓는 농민들과의 유대를 통해 가능해진다는 자각에 있었다. 그의 가난 타령은 가난을 불만스럽게 여기기보다 도리어 가난해지려고 노력하고, 나아가 가난한 농민들과 함께 권력이나 재산이라는 헛된 우상에 대해 싸우는 '적극적인' 가난 수용의 자세로 보아야 한다.

여기서 도연명이 피로를 잊고 농사를 지을 수 있게 해주고 또 이웃과 유대를 맺게 하는 개체로 '술'이 등장한다. 따라서 도연명을 단순히 술을 좋아한 음주 시인으로 보아서는 안 된다. 음주는 그의 자발적 가난이 빚은 고통에 대한 치유이자, 이웃과의 소통을 위한 윤활제였고, 동시에 자연 속에서 느끼는 외로움을 달래주는 치유제였다. 즉 자유와 자치와 자연의 벗이었다. 그래서 술은 그가 전원에 들어가고부터 그에게 소중한 것이 된다.

농사는 즐거웠다

세 번째 단락은 농사에 대한 묘사다.

즐거운 마음으로 계곡물 길었고 나뭇짐 지고 가며 노래 불렀다. 어두운 사립문 나서서 새벽부터 한밤까지 일했다. 봄부터 가을까지 들에 나가 부지런히 일했다. 김을 매고 흙을 북돋우며 길러서 거두어들였다.

도연명은 농사꾼이었다. 그를 자연시인이나 전원시인이라고 칭하는 말은 그가 농사꾼 시인이라는 점을 약화하려는 느낌이 들어서 나는 불만이다. 도연명 이전에도 자연이나 전원을 노래한 시인들은 있었다. 그러나 농사꾼으로서 시를 쓴 살아 있는 사람은 없었다. 게다가 그의 시 125수 중 농사에 관해 쓴 '농시'는 25수로 5분의 1에 해당할 정도로 많다. 그처럼 많은 농사시를 쓴 사람도 없었다.

유가에서는 농사꾼을 멸시하고 사대부는 농사를 지어서는 안 된다고 주장했기 때문에 농사꾼 시인이 유가 쪽에서는 아예 나올 수 없었다. 공자는 농사를 배우려는 제자 번지(樊遲)를 비판했고, 맹자는 임금도 농사를 지어야 한다고 주장한 농가의 허행(許行)을 비판했다. 그러나 도연명은 번지를 존경하여 시에서도 언급했다. 허행에 대해서는 언급한 바 없지만, 뒤에서 보듯이 이는 당시 『맹자』에서 허행이 비판되었기 때문일 수 있다.

유가와 달리 도가에서는 농사를 권장했다. 가령 『노자』 제46장에서는 "천하에 도가 있으면 잘 달리는 말을 버리고 농사를 짓고, 천하에 도가 없으면 군마가 전쟁터에서 새끼를 낳는다. 죄는 욕심이 많은 것보다 큰 것이 없고, 화는 족함을 알지 못하는 것보다 큰 것이 없으며, 허물은 얻기를 원하는 것보다 아픈 것이 없다. 족함이 되는 것을 알면 항상 족할 것이다."라고 하여 과욕을 경계한다.

뒤에서 설명하듯이 도연명은 어려서부터 유가와 도가 등을 공부하면서부터 『예기(禮記)』의 대동(大同)이나 『노자』의 소국과민(小國寡民)에 대해 알았고, 또한 당대의 선배 유학자인 완적(阮籍,

210~263) 등의 책도 읽으면서 그것들을 자신의 이상으로 삼았다. 그러나 당시 그는 유가 지식인으로 출세할 필요가 있었고, 경제적으로도 가난했으므로 늦은 나이에서나마 벼슬길에 나섰다. 그렇지만 그것이 자신이 추구한 이상과 다르다는 것을 알고 방황한 끝에 결국 벼슬길을 포기하고, 자신이 추구하는 이상사회인 도화원을 건설하고자 시골로 들어갔다. 그러고는 그곳을 이상사회인 도화원으로 만들기 위해 열심히 일했다. 그것이 그의 삶이고 그의 시였다.

독서와 거문고 덕에 즐거웠다

네 번째 단락은 독서와 거문고 그리고 여가에 대한 묘사다.

즐겁게 책을 읽고 거문고 타며 흐뭇했다. 겨울에는 따스한 햇볕 쬐고 여름에는 냇물에 씻었다. 바빠 쉴 틈이 없었으나 마음은 늘 한가로웠고, 천명을 즐기며 분수에 맡겨 어언 일생을 살았다.

도연명은 자기 삶을 가난으로 축약한다. 그러나 그에게 가난은 괴로움이 아니라 즐거움이다. 가난과 부는 물질의 문제이지만, 즐거움과 괴로움은 마음의 문제다. 따라서 가난이 반드시 괴롭고, 부가 반드시 즐거운 것은 아니다. 그는 누구보다도 열심히 일하지만, 항상 가난하다. 그러나 책을 읽고 거문고를 타서 즐겁다. 세상과 달리

자기의 길을 간다면 가난은 고고하다. 그런 의미에서 그는 반속(反俗)의 시인이다.

위 구절에 '천명(天命)'이라는 말이 나온다. 이는 뒤에서 보는 「귀거래사」에서 "잠시 자연에 맡겼다가 돌아갈 뿐이니 / 천명을 즐길 뿐 무엇을 의심하리."라는 구절에서도 나온다. 여기서 천명이란 천도(天道)라고도 한다. 즉 우주를 생성하고 운행하는 원리를 말한다. 이는 도가에서 중시하는 자연의 원리 같은 것이지만, 유가에서도 '천'이라고 하여 그런 원리를 인정한다.

그런데 도연명은 천이나 천명(천도)을 즐긴다고 하면서도 백이숙제*나 안회** 같은 훌륭한 선인들이 굶주리거나 일찍 죽은 것을 보

---

* 백이(伯夷)와 숙제(叔齊)는 상나라 말기의 형제로, 끝까지 군주에게 충성한 의인으로 유명하다. 백이와 숙제는 고죽국 군주의 아들로 그들의 부친은 삼남 숙제에게 후사를 잇게 하려 했으나 부친이 돌아가자 숙제는 장남인 백이에게 양보하려 하였고, 이에 백이는 나라 밖으로 달아났다. 숙제도 왕위에 오르지 않고 달아났다. 결국 차남이 왕이 되었다. 그때 주나라에서 반역을 꾀하자 백이와 숙제는 주나라를 찾아가 "아버지가 돌아가신 후 아직 장사도 지내지 않았는데 전쟁한다는 것은 효가 아니고, 상나라의 신하 국가인 주나라가 반역함은 인이 아니다."라고 주장했다. 그러자 주나라 왕이 백이와 숙제를 죽이려 했으나, 강태공이 그들을 의로운 사람들이라 하여 죽음을 면했다. 이후 주나라에 의해 상나라가 망하자 백이와 숙제는 산으로 들어가 고사리를 캐어 먹고살았다. 이때 왕미자가 수양산에 찾아와 백이와 숙제에게 주나라의 녹을 받을 수 없다면 주나라 산에서 고사리를 먹는 것도 부당하다고 하자 그 뒤로 두 사람은 고사리마저 먹지 않고 굶어 죽었다.

** 안회(顔回, 기원전 521?~491?)는 중국 춘추시대 노나라 사람으로 공자의 제자이다. 학덕이 높고 재주가 뛰어나 공자에게 가장 촉망받았으나 공자보다 먼저 죽었다. 빈곤하고 불우하였지만 개의치 않았고 함부로 성을 내거나 크게 잘못한 일이 없었기에 공자 다음가는 성인으로 받들어진다. 안자(顔子)라고 높여 부르기도 한다. 윗글에 나오는 일화는 『논어』「선진」편에 나오는 것으로 안회가 죽자 그의 부친이 공자의 수레를 팔아 아들의 곽을 만들자고 청했다. 공자는 '재주가 있거나 없거나 역시 각각 다 같은 아들이다. 내 아들 이가 죽었을 때 관만 있고 곽은 없었으니 내가 걸어 다니기로 하고 곽을 만들어줄 수도 있었으나, 내가 그렇게 하지 않은 것은 내가 대부의 뒤를 따라다니는 사람이라 걸어 다닐 수가 없었기 때문이었다.'라고 하며 안회의 덧널을 만들어달라는 그 아버지의 청을 거절했다. 그런데 안회는 관직에 오르지 못하고 죽었기 때문에 평민의 예로 장례를 지내야 했고, 덧널을 쓰면 안 되었던 점이 실제의 이유였다. 또한 공자의 거부에도 불구하고 제자들이 안회의 장례를 크게

고 천도를 의심한다. 이 점은 사마천*도 고민한 문제다. 사마천은 물론 도연명 자신의 삶과 연관되어서도 과연 하늘이 자기들을 돕는 것인지 의심을 품을 수 있다. 아래에서 보는 「초나라 곡조의 원시를 지어 방주부와 등치중에게 보여줌(원시초조시방주부등치중, 怨詩楚調示龐主簿鄧治中)」이라는 시에서도 도연명은 자신의 심정을 토로한다. 이러한 의심은 『구약성경』이나 『신약성경』에서도 볼 수 있다. 특히 십자가에 못 박힌 예수에 대해 예수 자신이나 그 제자들은 하늘을 원망할 수 있다. 그러나 도연명은 그런 천도를 자신이 따르고 감수해야 하는 것으로 긍정한다. 그래서 천명을 즐긴다는 시구절이 나온다.

나는 세상과 다르다

다섯 번째 단락에서는 일생을 회고하면서 타인과 자신이 다름을 말한다.

이 한 평생 모두 아끼는데, 이룬 바 없을까 염려하여 하루를 탐하고 시간을 아쉬워한다. 살아서 세상의 보배가 되려 하고 죽어서 길이 기억

치러주자 공자는 그것이 예절에 어긋나며 자기 책임이 아니라고 꾸짖었다는 이야기가 이어진다.
* 사마천(司馬遷, 기원전 145~86경)은 중국 전한(前漢) 시대의 역사가로 『사기』를 집필하여 중국 '역사의 아버지'라고 일컬어진다.

되길 바란다. 아, 나는 홀로 내 길을 걸어 세상과 생각이 달랐다. 사랑받아도 영예롭지 않았고 진흙이 묻어도 검게 물들지 않았다. 가난한 오두막에서 고고했고 술 마시고 시를 읊었다.

세상 사람들은 무엇인가를 이루고 죽어서 이름을 남기려고 하지만 도연명은 그런 세상과 달리 살았다. 그 역시 젊었을 적에는 성공과 명성을 바랐지만, 「귀거래사」 이후에는 그런 욕망을 깨끗이 포기했다. '유교인'으로서의 야망을 포기한 것이다. 유교인에게는 살아생전에 벼슬을 하는 것이 나라에 대한 충성이자 부모에 대한 효도였다. 그러나 도연명은 젊은 나이에도 그런 출세에 대해 끊임없이 회의했다. 그리고 벼슬을 완전히 접고 시골에 들어간 뒤로는 세속적 욕망을 완전히 버렸다. 그런 의미에서 그는 탈속(脫俗), 초속(超俗)의 시인이라 할 만하다. 후기 시에서도 명예에 대한 갈망을 그가 완전히 벗어났다고 보기는 어렵지만, 그런 점이야말로 도연명을 더욱 인간적으로 보이게 하는 요소가 아닐까.

도가와 달리 유가에서는 덕과 공과 글을 남기는 것을 중시한다. 즉 덕행을 쌓는 입덕(立德), 공을 이루는 입공(立功), 훌륭한 글을 남기는 입언(立言)이다. 이를 '세 가지 썩지 않는 일(三不朽)'이라고 한다.* 유가에서 말하는 세 가지 '공' 중에서 가장 큰 것은 벼슬이다.

---

* 중국 춘추시대 노나라의 좌구명(左丘明)이 공자의 『춘추(春秋)』를 해석한 책 『좌씨전(左氏傳)』에 나오는 다음 구절에서 유래한다. "가장 뛰어난 것은 덕을 세우는 일이고(太上有立德), 그 바로 뒤에 공을 이루며(基次有立功), 그다음으로는 말을 세우는 것이다(基次有立言). 비록 오래되어도 없어지지

『맹자』「등공문하」 편에서는 "공자는 석 달이라도 벼슬에 나아가지 못하면 당황해했다."라고 한다. 유가에서는 도가 행해지지 않는 경우 물러나 때를 기다리라(待時)고 하지만, 이는 도가에서 말하는 속세를 완전히 떠나는 은일(隱逸)과는 전혀 다른 것이다. 도연명에게 은일은 때를 기다리는 것이 아니라 자유와 해방을 뜻했다.

이처럼 도연명과 세상은 당연히 달랐다. 세상의 진흙은 더러움을 상징한다. 뒤에서 보듯이 그는 그것을 먼지나 티끌을 뜻하는 진(塵)이라고도 표현한다. 「도화원시」에서 시인이 "속세에 노는 사람에게 묻노니 / 먼지와 소음 없는 신비경을 아는가?"라고 할 때의 그 먼지이다. 이는 또한 '그물'이나 '새장', 혹은 '굴레'로도 표현된다.

내 인생에 후회는 없다

여섯 번째 단락에서는 자기 인생에 후회는 없다고 하면서 매장에 대한 묘사로 나아간다.

시운에 밝고 운명을 안다면 누가 미련을 갖겠는가? 나는 죽어 흙으로 돌아가 더는 아무런 여한이 없다. 백 살 가깝도록 은거 생활을 동경하였는데 살 만큼 살고 늙어서 죽으니 바랄 것이 무엇 있겠는가?

않아 이것을 썩지 않는다고 말한다(雖久不廢 此之謂不朽)."

추위와 더위는 빠르게 지나가고 죽은 이는 남은 이들과 다른 길에 섰다. 친척들은 새벽에 오고 친구들은 한밤에 달려와 나를 들판 가운데 묻어 넣을 위로한다. 어둠 속에서 나는 가고 무덤 입구에는 찬 바람이 분다. 송나라 환퇴의 사치는 부끄럽고 한나라 양왕손의 검소는 가소롭다.

환퇴(桓魋)는 춘추시대 송나라 사람으로 그가 죽으면 쓸 석곽을 3년 이상 만드는 것을 보고 공자가 "이렇게 사치할 바에야 속히 썩는 것이 낫다."라고 말해서 공자를 죽이려고 했는데 공자는 "하늘이 나에게 덕을 주었는데 환퇴가 나를 어떻게 하겠느냐."고 말했다고 한다.* 그리고 양왕손(楊王孫)은 전한 중기의 황로학(黃老學)의 대가로 죽으면 알몸으로만 장사 지내라고 유언했고, 실제로도 그렇게 묻혔다. 도연명은 그 어느 경우나 극단적인 것으로 보고, 봉분을 만들거나 나무를 심지 말라고 하는데, 이는 자기를 빨리 잊어달라는 뜻이다.

죽은 나를 잊으라

마지막 일곱 번째 단락에서는 매장에 대해 노래한다.

* 앞 이야기는 『예기』 「단궁 상」, 뒷이야기는 『사기』 「공자세가」에 나온다.

죽어 사라졌으니 허무하고 멀리 떠났으니 탄식한다. 내 무덤엔 봉분도 나무도 없이 해와 달만 지나가게 하고 살아서도 명예 찾지 않았거늘 죽은 뒤엔들 찬양을 중시할까. 인생이 참으로 고달팠거늘 사후 세계는 또 어떨는지. 오! 슬프다!

도연명은 이 글을 427년 10월에 쓰고 두 달 뒤인 12월에 학질을 앓다가 세상을 떠났다. 약을 쓰지도 않았고 귀신에게 빌지도 않았으니 스스로 치료를 포기한 셈이다. 365년에 태어나 62년을 살다가 죽었다. 널리 부고도 하지 않았고, 조의금도 받지 않았으며, 풍수에 따라 장지를 고르지도 않고 간소하게 장례를 치렀다.

당시 중국에서는 매장이 일반적이고 봉분 주위로는 나무를 심었는데, 도연명은 그 모두를 거부한다. 그리고 찬양하지 말아달라고 부탁한다. 농사꾼다운 마지막이었다. 나도 그렇게 죽기를 바란다.

「만가」

도연명은 「자제문」만이 아니라 「만가(輓歌)」*도 지었다. '만가'는 상여꾼이 상여를 메고 갈 때 부르거나 봉분을 다지면서 부르는 장례 의식요로 '상엿소리'라고도 한다. 서양에서는 장송곡(葬送曲)이

---

* 만가는 의만가사(擬挽歌辭), 만가시(挽歌詩), 만가사(挽歌辭), 의만가(擬挽歌)라고도 불린다.

나 진혼곡(鎭魂曲)이라고도 한다. 레퀴엠(Requiem)은 죽은 이를 위한 미사곡이다. 도연명의 「만가」는 3수로 구성되는데 1수는 입관, 2수는 장송, 3수는 매장에 관한 것들이다. 1수를 읽어보자.

    삶이 있으면 반드시 죽음 있네.
    일찍 죽는다고 명 짧은 것 아니네.
    어제저녁에는 다 같이 사람이다가
    오늘 아침에는 사망자 목록에 올랐네.
    혼과 숨은 흩어져 어디로 가고
    말라빠진 형체만 빈 관 속에 담겨 있네.
    귀여운 아이는 아비 찾아 울고
    벗들은 나를 잡고서 곡을 하네.
    이해득실을 다시는 알지 못하고
    시시비비인들 어찌 깨달을까?
    천년만년 지난 후에는
    그 누가 영예와 치욕을 알랴.
    다만 한스럽기는 살아생전
    술을 실컷 마시지 못했네.

도연명에게 죽음이란 철저한 끝이다. 그래서 "혼과 숨은 흩어져 어디로 가고 / 말라빠진 형체만 빈 관 속에 담겨 있네."라고 노래한다. 또한 '이해득실'이나 '시시비비'도 '영예와 치욕'과도 무관해진다. 단 하나, 술을 실컷 마시지 못해 유감이라고 하지만, 이는 유머에 불과한 것이다. 다음 2수는 장송에 관한 것이다.

옛날에는 술이 없어 못 마셨는데
지금은 빈 잔 가득 채워졌네!
봄 술은 익어 밥알이 떠올랐건만
언제 다시 맛볼 수 있을까?
그득한 안주상은 내 앞에 있고
친구들은 내 곁에서 곡을 하네.
말하려 해도 입에서 소리가 나지 않고
보려고 해도 눈에는 빛이 없네.
전에는 안채에서 잠을 잤는데
오늘은 거친 풀밭에서 묵는구나.
이른 아침 대문을 나서지만
돌아올 때는 어둠 가시지 않은 한밤이겠네.

3수는 묘지에서의 매장을 묘사한다.

거친 풀은 어찌 그리 무성한가?
백양나무는 바람에 우수수 우네.
무서리 내린 시월
먼 교외로 나를 보내는구나.

사방에 인가도 없고

높은 무덤들만 우뚝 솟았네.

맑은 하늘 우러러 울부짖고

바람만 홀로 스산하게 우네.

묘실은 한 번 닫혀버리면

천년이 가도 다시 아침을 맞지 못하리.

천년이 가도 다시 아침을 맞지 못하는 것은

현인과 달인이라도 어찌할 수 없네.

여태 나를 전송해준 사람들

각자 자기 집으로 돌아가네.

친척들에겐 간혹 슬픔이 남겠지만

다른 이들은 이미 아무렇지 않게 노래도 하네.

죽고 나면 무슨 말을 하랴,

전 산에 몸을 맡겨 하나가 될 뿐인걸.

죽음으로 모든 것은 끝이라는 초탈적 생사관이 작품의 주제다.*

---

* 임준철, "한국 한시에서의 도연명 〈擬挽歌辭〉 수용과 변주(한국한시연구, 21호(2013))"에 의하면 한반도에서 만가를 수용한 작품들은 도연명의 인품과 사상에 공감하는 반면, 도연명의 초탈적 생사관을 받아들이지 못하는 경향이 있다.

「형영신」

도연명은 죽음과 관련하여 「형영신(形影神)」, 즉 '몸, 그림자, 정신'이라는 제목의 시를 썼다. 그의 시 중에서 이런 철학적인 제목을 단 것은 이 시가 유일하다. 이 시는 시인이 413년, 48세에 쓴 시라고 보는 견해(이성호, 61쪽)도 있으나, 대체로 50세 전후에 쓴 시로 여겨진다. 앞의 두 시와는 달리 죽기 10여 년 전에 쓴 것이다. '형영신'은 당시 승려 혜원을 중심으로 한 불교 교파에서 사용한 개념이었다.

중국에 불교가 처음 들어온 것은 서력기원 전후였으며, 처음 전해진 불교는 인도에서 바로 들어온 불교가 아니라 서역(西域)*을 거친 불교였다. 후한(後漢, 25~220) 말인 2세기 후반에는 서역과 인도에서 와서 불교 경전을 중국어로 번역한 역경승(譯經僧)들에 의해 불경이 한문으로 옮겨지기 시작하면서 불교는 중국에서 확실한 기초를 다지게 되었으나, 초기 번역에는 문제가 많았다.

도연명이 살았던 위진시대(魏晋時代, 220~420)에는 불교를 노장사상이나 유교사상 등의 전통 중국 사상 안에서 이해하고자 했던 격의불교(格義佛敎)가 성행했다. 이는 불교의 토착화라는 순기능과 함께 불교에 대한 자의적 오해라는 역기능도 낳았다. 격의불교의 역기능은 구마라습(鳩摩羅什, 344~413)이 불교 경전을 본래의 뜻에 맞게 바르게 번역한 이후 비로소 극복되었다.

---

* 한나라 때 서방 지역을 총칭하는 말로 현재 중국의 간쑤성에 있는 둔황을 포함한다.

격의불교의 대표자인 혜원은 379년 45세 때 여산(廬山)에 들어와 30년을 산 밖으로 나가지 않고 수도하다가 416년에 82세로 죽었다. 백련사(白蓮社)*의 시조로 추앙된 그는 당시 여산을 포함한 장강(長江) 중류 유역의 패자로 군림한 환현(桓玄)에 대해서도 "불법(佛法)은 왕법(王法)에 종속된 것이 아니"라고 정면으로 주장하여 불교의 반권력성을 분명히 밝혔는데, 이것이 바로 『사문불경왕자론(沙門不敬王者論)』**이다. 뒤에서 보듯 한때 환현 밑에서 벼슬을 한 도연명이 그런 혜원에게 공감할 수도 있었다고 여겨지지만 이를 확인할 수 있는 문헌은 없다.

혜원이 만년에 편지로 도연명을 여산으로 초대하자 도연명은 술을 마실 수 있다면 가겠다고 답했다. 이후 허락을 받은 뒤 도연명은 여산을 자주 방문했으나 "갑자기 눈살을 찌푸리고 돌아갔"다고 한다.(첸즈시, 403쪽) 도연명이 눈살을 찌푸린 것은 불교의 왕생정토나 삼생윤회와 같은 교리에 대해서였다. 이에 대해 도연명은 「형영신」 서문에서 다음과 같이 말한다.

---

* 정토왕생을 위한 염불수행을 도모하기 위하여 조직된 신행결사를 지칭하는 용어로 백련결사라고도 한다.
** 어린 나이로 동진의 3대 황제가 되었던 성제(成帝)의 섭정(攝政)을 맡은 유빙(庾冰)이 '사문(沙門)은 왕자에게 경의를 표해야 한다.'고 주장하자 반론이 이어졌지만 결론은 나지 않았다. 이후 환현이 유빙의 혜원에게 유빙의 주장을 되풀이하자 혜원은 열반(涅槃)의 경지를 요구하는 사문은 강권을 손에 쥔 왕자·군주와 대등하고, 부처와 주공(周公) 및 공자(孔子)가 방법의 차이는 있을지언정 그 귀결되는 지점은 동일하며, 형은 사라져도 신은 불멸이라고 주장(形盡神不滅)하여 당시 사문들은 세속과는 구별되는 자신들의 모습을 유지할 수 있었다. 그러나 당(唐) 초기에 황제권(왕법) 앞에 불법은 절차 열세에 몰리게 되어 북송(北宋) 초에 와서 불법이 왕법에 완전히 종속되고 말았다.

귀하거나 천하거나 어질거나 어리석거나, 억척스레 생명에 집착하지 않는 사람이 없으나, 이는 매우 미혹된 것이다. 그래서 몸과 그림자의 고뇌를 철저하게 진술하고, 정신이 자연의 이치를 가려내는 것을 말해 본다. 이런 것을 좋아하는 군자들은 함께 그 생각을 취해주기 바란다.

도연명은 왕생정토(往生淨土)*나 삼생윤회(三生輪回)**를 생명에 집착하는 미혹이라고 하면서 그것을 비판하고 진실을 밝히기 위해 「형영신」을 쓴다고 말한 것이다. 「형영신」은 3수로 이루어진다. 1수부터 읽어보자. 제목은 '형증영(形贈影)'으로 '몸이 그림자에게 줌'이라는 뜻이다.

천지는 영원하여 죽지 않고
산천은 바뀌지 않는다네.
초목도 변치 않는 이치를 알아
서리와 이슬에 시들었다 다시 피네.
사람이 가장 존귀하여 지혜롭다 하나
사람만은 산천초목과 같지 않다네!
이제 막 세상에서 사는 것을 보았는데
홀연히 떠나니 돌아올 기약이 없네.

* 왕생은 죽은 후에 불보살의 가피에 의하여 정토의 세계에 가서 태어나는 것을 의미한다.
** 과거생과 현재생과 미래생을 삼생이라 하고, 나고 죽고 나고 죽음을 반복하면서 사는 것을 윤회 전생이라 한다.

한 사람 사라진들 뉘라서 깨달으며
친지인들 어찌 그리워하랴!
다만 생전에 쓰던 물건만 남아 있어
바라보고 마음 서글퍼 눈물 흘리네.
내게는 신선되어 하늘에 오를 방법 없으니
반드시 죽게 될 것 다시 의심치 않네.
원컨대 그림자여 그대는 내 말을 듣고
술 생기면 구차히 사양하지 말게나.

위에서도 보았듯이 이른바 군자삼락(君子三樂)이라는 것을 도연명은 여기서도 부정한다. 인간이 만물의 영장이라고 하지만 생자필멸(生者必滅)이라는 자연의 법칙을 벗어날 수 없다. 살아 있는 모든 것은 반드시 멸한다. 그런데도 죽음 앞에서 욕망에 빠져 있는 '형(몸)'은 물질을 더 많이 향유하여 죽음의 공허를 보상하려고 하지만, 도연명은 이를 부질없는 짓이라고 거부한다. 또한 '영(그림자)'은 공을 세우고 선한 일을 해서 몸의 고통을 이겨내려고 함을 다음 2수인 '영답형(그림자가 몸에게 답함)'에서 말한다.

영원한 생명은 말할 것도 없고
몸을 보전하는 것도 늘 힘들고 구차하다네.

곤륜산과 화산*에 가서 노닐고 싶지만

그 길은 아득하고 끊어지고 말았네.

내가 그대 몸과 만나 함께한 이래로

슬픔과 기쁨을 달리한 적 없었네.

그늘에 쉴 때는 잠시 떨어졌으나

햇볕 아래 서면 줄곧 헤어지지 않았네.

이런 동반도 영원할 수는 없으니

그대가 소멸할 때 나도 함께 없어진다네.

몸이 죽으면 이름 또한 사라져버리니

이를 생각하면 다섯 가지 감정이 달아오르네.

선을 행해야 후세에 은혜를 남길 수 있으니

어찌 스스로 힘쓰지 않는가?

술로 근심을 없앨 수 있지만

이에 비하면 어찌 졸렬하지 않겠는가!

이성적인 영(그림자)은 물질적인 형(몸)보다 높다. 몸은 사라져도 행위의 영향력은 오랫동안 영향을 준다. 도연명도 젊어서 입신양명의 욕구에 허덕였다. 그러나 선을 통해 명예를 얻는 것도 사실은 비

---

* 곤륜산(崑崙山)은 중국 신화에 등장하는 산으로, 세계의 축과 신을 나타내는 중요한 상징이다. 다양한 전설, 신화, 반역사적 기록에서는 곤륜산이 다양한 신과 여신의 거주지로 묘사되며 전설적인 식물과 신화 속 생물도 나온다. 중국 신화의 많은 중요한 사건은 곤륜산을 배경으로 한다. 화산(華山)은 중국 오악(五岳) 중 서악(西岳)으로 시안(西安) 동쪽에 있다.

이성적인 환상이라는 것을 다음의 3수 '신석(神釋)', 즉 '정신의 설명'에서 말한다.

조물주는 사사로이 힘씀이 없이
만물이 절로 번성하고 생겨나네.

위 구절은 도연명의 자연관을 보여준다. 이는 뒤에서 보는 「감사불우부(感士不遇賦)」에서 "천지 만물은 자연의 기를 받아 생장"한다고 한 구절이나 「귀거래사」에서 "만물이 때를 얻음"이라고 한 구절과 같다. 위 구절에서 조물주라고 번역한 말은 원시에서는 '대균(大鈞)'인데, 이는 자연을 뜻하는 것으로 사사로운 의지가 아니라 도를 통해 만물이 저절로 번성하게 하는 것이다. 이는 『노자』제5장에서 "천지는 사사로이 친애하지 않는다."거나 『장자』「대종사(大宗師)」편에서 "하늘은 사사로이 덮어줌이 없고, 땅은 사사로이 실어줌이 없다."고 한 것과 같다. 따라서 「귀거래사」를 비롯하여 도연명의 여러 시에서 볼 수 있듯이 봄이면 만물이 절로 소생하고 생기를 띠며 변한다.

이러한 자연 순응에서 도가의 무위설(無爲說)이 나오는데, 유가에서는 유위설(有爲說)이 나온다. 유위설이란 가령 『주역』「계사상(繫辭上)」편에서 "군자는 장차 이룸이 있고자 하고 행함이 있고자 한다."는 구절에서 볼 수 있다. 반면 『노자』제57장에서는 "내가 작위함이 없으면 백성은 저절로 변화되고, 내가 고요하면 백성은 저

절로 바르게 된다."고 한다.

사람이 삼재에 속하는 것은
내가 있기 때문이네.
내가 그대들과는 다른 존재지만
나면서부터 서로 의지해왔네.
서로 맺어지고 기쁨을 함께하니
어찌 말을 나누지 않으랴.
삼황은 위대한 성인이지만
지금은 다시 어디에 있는가?
팽조는 장생을 누렸지만
머물고 싶어도 살아남을 수 없었네.

삼재(三才)란 천지인(天地人), 즉 하늘과 땅과 사람을 말한다. 삼황(三皇)이란 사마천의 『사기』에서 천황씨, 지황씨, 태황(인황)을 말하는데, 그 외에 복희, 여와, 신농, 축융, 황제 등이 삼황으로 꼽히기도 한다. 팽조(彭祖)는 요순시대부터 주(周)나라 초기까지 834년을 살았다고 하는 전설 속의 인물이다.

늙은이나 젊은이나 다 같이 한 번은 죽는 것.
잘나나 못나나 나이를 되돌리진 못하네.
날마다 술에 취해 혹 죽음을 잊어도

명을 재촉함이 아닐는지.
선을 쌓음은 언제나 기뻐해야 할 일이나
누가 너를 위해 칭송해줄 것인가?
지나치게 생각하면 우리 삶을 해치니
마땅히 운명에 맡겨야 하리라.
큰 변화 속 물결 따라가면
기쁘지도 두렵지도 않으리라.
죽을 때 되면 다 사라지지.
거듭 홀로 깊이 염려하지 마라.

신, 즉 정신은 자아의 최고 이성이다. 이러한 이성에 의해 우리는 인간이 자연의 일부라는 것을 자각한다. 따라서 삶에 집착하거나 근심하거나 불로장생을 꿈꾸는 것은 무의미하고 자연의 변화에 따르는 것으로 충분하다. 도연명은 어떤 종교나 철학에 의존하지 않고 자신의 자연 사상을 전개한다. 위 시에서 '큰 변화(大化)'란 유아기, 소년기, 노년기, 죽음으로 이어지는 인생의 네 단계를 말한다. 그런 변화에 따라 사는 것이 인생이다. 이하 도연명의 그러한 삶의 변화를 따라가본다.

2장

도연명의 시대, 디스토피아

나의 도연명

나는 46세였던 1999년에 도시의 아파트를 떠나 시골로 들어갔다. 10년 정도 전세로 살았던 아파트가 팔렸기 때문이지만, 그전부터 시골로 가야 한다고 생각해오던 꿈을 비로소 이룬 것이어서 내 생애에 가장 중요한 변화이기도 했다. 아파트는 물론 도시는 그곳에 살기 시작한 처음부터 싫었고, 그곳에서의 나날도 싫었다. 도시와 아파트는 나에게 디스토피아(Dystopia)였다.

1999년부터 20년 동안 오로지 학생들을 가르치는 본분만 하다가 퇴직했다. 대부분의 교수가 수업보다는 학내외에서 딴짓(장관, 의원, 위원장 따위부터 학장, 처장, 총장 등) 하기를 좋아하지만, 나는 46세인 1999년, 21세기가 시작되기 전부터는 꼭 새로운 삶을 살아야지 하고 마음먹은 터였다. 바로 내가 꿈꾼 자유-자치-자연의 삶이다. 자유로운 개인들이 자연 속에서 자치하는 삶. 이후 지금까지 시골 생활 26년간 그렇게 살려고 노력했다.

시골에 들어와 살기 위해 전세금으로 20여 평의 주택과 600평의 밭을 샀다. 세계주택기구에선가 1인당 주택 평수가 5평 정도이면 된다고 해서 4인 가족에게 20여 평이 이상적이고, 한반도의 산을 뺀 평지를 인구수로 나누면 1인당 300평이라는 계산에서 2인 부부에게 600평이 이상적이라고 계산했다. 집에서 직장까지 3킬로미터 정도 거리였기에 자전거를 타거나 걸었고, 늘 도시락을 들고 다녔다. 밭에서 유기농으로 키운 작물로 하루 세 끼 식사를 충당했다. 퇴직 후에는 주로 집에서 밭을 오가며 개와 닭들과 함께 지내고 있다.

밭 한구석에 폐자재를 모아서 지은 오두막이 있는데 나는 그곳에서 소로의 『월든』을 비롯하여 시골 생활을 다룬 책들을 다시 읽었다. 그때 당연히 도연명의 「귀거래사」도 떠올랐다. 그러나 일부러 찾아 읽지는 않았다. 중학교 시절부터 교과서 등을 통해서 알게 된 그의 시를 좋아했지만, 언제인가 그가 윤선도나 정철 같은 사대부 전원시인 부류라는 생각이 들었고, 그런 그들에게 시골은 잠시 벼슬을 쉬는 동안 머무르다가 다시 벼슬을 찾아가는 임시 휴식처 같은 곳이었다고 여겼기 때문이다. 윤선도(尹善道, 1587~1671)나 정철(鄭澈, 1536~1594)은 물론 정약용 역시 시골에서 귀양살이할 때도 농사를 짓기는커녕 하다못해 서당 선생이라도 하면서 여유롭게 살았다. 정약용의 다산초당을 찾았을 때 귀양처라는 곳이 조선시대 농민의 평균적인 주택인 점에 놀랐지만, 윤선도의 보길도를 찾았을 때는 그 규모에 기절할 정도였다. 윤선도의 집안에는 600명의 노비가 있었다고 한다. 정철도 마찬가지였을 것이다.

그러다가 우연히 도연명을 다시 읽게 되었다. 그는 가난한 집안에서 태어나 스물여덟 살에 말단 벼슬을 시작했으나, 다섯 차례나 관직을 옮긴 끝에 마흔에 완전히 그만두었다. 지방 관료로 지낸 시간은 모두 합쳐도 3년이 채 되지 않았고, 그 사이에도 틈틈이 시골로 내려가 농사를 지으며 결국 고향에 정착했다. 그러고는 41세부터 21년 동안 오로지 농사를 지으며 가난하게 살았다. 틈틈이 시를 쓰다가 62세에 죽었다. 그러니 어린 시절과 벼슬 3년을 빼면 약 50년 동안 농사를 지으며 시를 쓴 셈이다. 귀양을 간 것이 아니라 스스로 벼슬을 그만두고 사대부가 꺼리는 농사를 지으며 가난하게 살아간 점이 중국이나 조선의 사대부들과는 달랐다. 스스로 벼슬을 그만두고 농사를 짓기 시작했을 때 그는 사대부 중심의 권력과 단절하며 「귀거래사」를 썼고, 유교 중심의 계급사회와 달리 만인이 평등한 자연의 삶을 꿈꾸며 「도화원시」를 지었다.

도연명의 삶은 소위 사대부나 선비의 삶으로서는 특이했다. 사대부나 선비의 전형적인 삶이란 오로지 벼슬을 하기 위해 공부하고, 벼슬을 하면서 당파로 나누어져 당쟁을 벌이다가 귀양을 가고, 왕이 바뀌거나 조정이 바뀌어 자기 당파가 다시 권력을 잡으면 벼슬을 하다가 죽는 것이다. 그러나 도연명은 처음부터 벼슬을 하기 위해 공부하지 않았다. 그가 살았던 시대는 과거제도가 생겨나기 전이었다. 마을에서의 명망을 기준으로 벼슬할 사람을 뽑아 썼다. 그 역시 이런 사정에 따라 벼슬을 몇 번 했지만, 항상 짧게 재직했다. 그러다가 결국 나이 40세에 완전히 벼슬길에서 물러나 나머지 21년을 순수한 농사꾼으로 살다가 죽었다.

매우 간단하게 보는 중국의 역사

4세기의 중국 시인인 도연명의 평전은 두 종류나 번역되었다. '두 종류나'라고 한 것은 그 시대 다른 중국 시인의 평전은 아예 없기 때문이다. 중국 시인 전부를 놓고 볼 때도 우리말로 두 권이나 평전이 번역된 사례는 없다. 그만큼 도연명은 중요한 시인이고 중국은 물론 한국에서도 사랑받는 시인이다. 평전은 아니지만 『도연명의 유산』이라는 책도 번역되었다. 평전이라기보다 시해설이 중심인 국내외 사람들의 저서도 많다.

그런데 평전들을 펼치자마자 숨이 탁 막힌다. 처음부터 복잡한 당대 역사가 너무나도 상세하게 설명되기 때문이다. 한마디로 징글징글한 '정글의 시대'나 폭력이 판을 치는 '폭력의 시대'나 '야만의 시대'라고 하면 될 것을 『도잠평전』의 경우 60쪽 이상에 걸쳐 그 시대를 설명하는데, 중국인이라면 모를까 중국사를 거의 모르는 한국인에게는 수면제 이상이 될 수 없다. 따라서 지금부터 가장 간단하게, 도연명이 살았던 시대를 스케치해보고자 한다. 그러나 중국인들이 쓴 평전과 달리 한국인을 위해서는 중국 역사 전체부터 살펴볼 필요가 있다. 앞으로 중국 역사 전체와 관련된 이야기가 나오기 때문이다.

중국 역사는 선사, 고대, 제국, 현대로 나누어진다. 선사시대(신석기 시대와 구석기 시대) 이후 고대는 하(夏)나라(기원전 2070경~기원전 1600경)에서 시작하여 상(商)나라(기원전 1600경~기원전 1046경), 그리고 주(周)나라(기원전 1046경~기원전 256)로 이어진다. 현존하는 가장 오래된 문헌에 기록된 문화인 주나라는 중국의 '축의 시대'로 천명이 도입되었고, 유교·도교·법가·오행과 같은 철학의 기초가 마련되었다. 주나라는 서주(西周, 기원전 1046~771)와 동주(東周, 기원전 770~기원전 256)로 나누어지고, 동주 시대에 춘추시대(기원전 770~기원전 403)와 전국시대(기원전 403~기원전 221)가 포함된다.

이어 제국시대는 진(秦)나라(기원전 221~기원전 206), 한나라(기원전 202~기원후 220), 삼국시대(220~280), 진(晉)나라(266~420), 남북조(420~589), 수나라(581~618), 당나라(618~907), 송나라(960~1279), 원나라(1271~1368), 명나라(1368~1644), 청나라(1616~1912)로 이어진다.

도연명이 살았던 시대는 한나라가 망하고, 소설 『삼국지연의(三國志演義)』(보통 『삼국지』라고 부른다)가 묘사하는 삼국시대를 거쳐 266년에 시작된 진(晉)나라 때다. 우리말 발음으로는 같은 진나라이지만, 진시황이 세운 진나라와 다르다. 진나라는 다시 서진(西晉, 317~420)과 동진(東晉, 317~420)으로 구분된다. 서진의 권력투쟁을 계기로 하여 북방에서 침입한 이민족들이 316년 화북을 제압했다.

이민족의 중심이 흉노, 선비, 씨, 광, 갈의 오족이고, 그것들이 난립한 나라가 16국이라는 점에서 '5호 16국의 난'이라고 한다. 5호의 침입으로 서진이 망하고, 강남으로 내려온 한족 피난민들이 317년 강남에 동진을 세웠다.

그것이 건강(健康, 현재의 남경시)을 수도로 한 한민족의 남조와 화북을 지배하는 이민족의 북조가 대치하는 '남북조 시대'의 시작이었다. 화북지방에서 온 한족 피난민은 강남의 인구를 크게 증가시키고 초기에 세금을 감면하는 등 세제상 혜택을 주어 적극적으로 유랑민을 받아들이고 미개지 개간을 장려하였다. 그 결과 원래 습기가 많아 수자원이 풍부한 지역이기도 한 강남은 화북지방과 겨룰 정도로 번영하였다. 그러나 화북을 차지한 이민족 왕조인 전진(前秦)의 남하 정복 전투 때문에 위기를 맞는다. 383년 비수대전(淝水大戰)에서 승리하여 간신히 위기를 모면하지만, 국정은 혼란에 빠졌다. 사대부 지주들이 많은 토지를 겸병하고, 소작농과 노비를 부려 먹고, 각종 특권을 누렸다. 그래서 399년 손은(孫恩, ?~402)이 이끈 한족 농민 반란이 터진다. 402년 유유(劉裕, 363~422)가 이를 진압한 뒤 새로운 송(宋) 왕조를 세워 제위에 오르면서 동진은 멸망하고 말았다.

도연명은 동진 말년부터 진과 송이 교체되던 어지러운 시기에 살았다. 비수대전이 끝났을 때 그의 나이는 18세였고, 손은의 반란이 터졌을 때 34세였다. 그는 내우외환의 어려운 시대를 살면서 세상의 온갖 야만을 경험했고, 그것이 그의 삶과 시에 그대로 드러난다.

『삼국지연의』 영웅들과 반대되는 도연명

『삼국지연의』(이하『삼국지』)라는 중국 소설이 있다. 그 책은 2004년 한국 국민 독서 실태 조사에서 성인과 학생 모두 기억에 남는 도서 1, 2위를 다투었다. 같은 조사에서 성인 4명 중의 1명은 1년에 1권도 안 읽는 책맹임을 감안할 때, '책을 읽는 한도 내에선 모든 사람이 거의 다 읽어봤다.'라는 말이 된다. 그러나 나는 어려서 몇 번이나 읽으려고 했지만, 읽기 시작하고 얼마 안 가서 그 내용이 싫어 책을 덮곤 해서 결국 지금까지 완독하지 못했다.

『삼국지』는 14세기 명나라의 소설가 나관중(羅貫中, 1330?~1400)의 저술로 시작되어 여러 시대 작가들이 내용을 더한 역사소설이다. 중국사 가운데 후한 말에서 서진 초까지의 영웅호걸들의 활약을 다룬 소설이므로 도연명이 살았던 시대와 그리 멀지 않다. 소설은 14세기쯤에 완성되었으니 도연명이 읽었을 리 만무하지만, 그 내용인 삼국의 역사에 대해서는 도연명이 당연히 잘 알고 있었다. 그러나 등장인물들인 유비·제갈량·손권·조조·사마의 등은 모두 가면을 쓰고 사기술과 권모술수, 기만술로 평생을 살았던 이들이므로 평화주의자인 도연명이 좋아했을 리 없다. 이는 현대 중국의 반체제 문예이론가인 류짜이푸(劉再復, 1941~)가 지은 『쌍전(雙典)』 (2010)에서도 지적한 점이다.

1989년 천안문 사건으로 고국을 떠나야만 했던 류짜이푸는 중국의 대표적 고전문학인 『수호전(水滸傳)』과 『삼국지』의 예술적 가치를 인정하면서도 두 소설이 중국인들을 지옥의 문에 들어서게 한 주범이라고 비판한다. 류짜이푸에 의하면 『수호전』과 함께 『삼국지』는 폭력과 권모술수를 숭배한 '대재난의 책'이다. 그는 "5·4운동*이 공자가 아니라 『수호전』과 『삼국지』를 비판했더라면 좋았을 것"이라고까지 말한다. 두 소설 모두 남성적 폭력을 숭상하면서 여성적인 것을 멸시하고, 여성을 적대시하거나 이용하는 내용을 담아 폭력주의와 남존여비 등의 동아시아 문화 형성에 일조한 바가 크기 때문이다.

『삼국지』의 처음에 나오는 유비·관우·장비의 '도원결의(桃園結義)', 즉 복숭아나무밭에서 의형제를 맺었다는 이야기는 '사나이'들의 의리를 뜻하는 상징으로 신화화되었지만, 그것은 사실 패거리의 의리에 불과하고, 동아시아의 패거리 문화를 상징한다. 그런 '결의'는 패거리에 속하지 않는 다른 사람이나 집단에 대해 배타성을 형성하고, 집단 내부의 작은 '의(義)'가 집단 외부의 사회적 대의(大義)를 대신한다고 비판하는 류짜이푸는 "중국 사회의 악질화는 이런 배타성에서부터 출발한다."라고 말하기까지 했다. '도원결의'는 「도화원시」와 같이 같은 복숭아나무밭을 배경으로 하지만 그 내용은 전혀 다르다.

『삼국지』의 주인공인 유비(劉備)는 위장술의 달인으로 한때 조조(曹操)의 수하였으나 조조를 제거하는 정치적 음모에 가담하면서도

---

* 1917년 러시아 혁명의 영향을 받아 1919년 중화민국에서 발생한 반제국·반봉건주의 혁명 운동.

아무 일 없는 듯 위장한다. 조조도 기만술의 천재로 원정 시 식량이 바닥나자 양식을 관리하던 부하가 식량을 빼돌렸다는 혐의로 목을 베는데, 실은 죄 없는 부하의 머리를 빌려 병사들의 분노를 잠재운 터였다. 은거하고 있던 제갈량의 초가집으로 유비가 세 번이나 찾아갔다는 삼고초려(三顧草廬)의 제갈량도 예외가 아니었다.

류짜이푸가 『삼국지』나 『수호전』과 결이 다른 중국의 고전*으로 꼽는 책은 『산해경(山海經)』과 『홍루몽(紅樓夢)』이다. 도연명도 『산해경』을 즐겨 읽고 그것에 관한 연작시를 썼다. 『산해경』은 중국 선진시대**에 기록된 신화집 및 지리서로 「산경(山經)」과 「해경(海經)」으로 되어 있으며, 중국 각지의 산과 바다에서 나오는 풍물을 기록한 책이다. 내용 중에는 상상의 생물이나 산물이 있어서 지리서라고 하지만 전설 속의 지리라고 여겨지기도 한다.

『홍루몽』은 청나라 건륭제 시기의 작가인 조설근(曹雪芹, 1724?~1763?)이 쓴 고전소설이어서 도연명이 볼 수는 없었겠으나, 기존 중국 고전소설의 주제였던 남존여비나 입신양명 등의 가치를 타파하고, 영웅호걸과는 거리가 먼 남녀 주인공을 등장시키며, 여성적인 자연에 따르는 삶을 우주와 인생의 진리로 여겼다는 점에서

---

* 『삼국지』와 『수호전』은 『서유기(西遊記)』, 『금병매(金甁梅)』와 함께 중국의 4대 기서(奇書)라고 한다. 『금병매』는 『수호전』에서 나오는 여성판 부록 같은 것이고 이야기가 음란하기에 『수호전』과 같이 평가될 수 있고, 『서유기』는 이민족을 야만으로 간주하기 때문에 중화사상을 극대화하는 책이라는 점에서 문제가 있으므로 나는 중국의 4대 기서 전부 문제가 있다고 생각한다.
** 선진(先秦)시대란 진나라의 중국 통일 이전의 시기를 통틀어 일컫는 것으로, 중국 문명이 발생한 이래 하(夏), 상(商), 주(周)의 3개 왕조와 춘추전국시대까지를 포함한다. 기원전 21세기부터 진시황이 천하를 통일한 기원전 221년까지이므로 약 1800년이라는 엄청난 기간이 선진시대에 포함된다.

도연명의 삶이나 생각과 결을 같이한다고 할 수 있다. 이렇게 보니, 도연명은 중국의 전통 문학 차원에서도 주류라고 하기보다는 비주류라고 할 수 있다.

위진의 정신과 생활

『삼국지』에 나오는 영웅 중에서 조조(曹操, 155~220)는 걸출한 영웅이라는 평가와 함께 난세의 간웅(奸雄)이자 민간인과 포로를 대량 학살한 악인이라는 상반된 평가를 받는다. 그는 빈한한 집안 출신으로 환관의 양자로 들어갔다가 황건적의 난을 토벌한 공으로 출세하여 권력을 잡는다. 그 시기 가장 중요한 통치술은 인격이나 도덕이 아니라 재능과 실력만을 기준으로 한 인재 등용이었다. 이는 한나라 400년의 인재 등용 기준이었던 유교적 도덕성을 역전시킨 것이었지만, 어지러운 정글의 시대, 각자도생의 시대에는 당연한 덕목으로 여겨졌다. 조조의 아들인 조비(曹丕, 187~226)도 간교함이 아버지 못지않았다. 그는 인재 등용 제도로 조조의 뜻을 계승한 '구품관인법(九品官人法)'*을 제정하였으나 실제로는 그 제도를 통하여 호족층이 고위직을 독점하게 된다.

---

* 중국 위진 남북조시대의 관리 등용 제도. 한(漢)나라 때의 향거이선법(鄕擧里選法)을 대신한 것으로, 지방의 각 주(州)·군(郡)·현(縣)에 장관과는 별도로 중정관(中正官)을 설치하여, 그 중정관이 지방의 인사를 덕행과 재능에 따라 아홉 등급으로 분류·판정하여 중앙의 이부(吏部)로 천거하였다.

그 뒤 진이 건국하면서 정통성을 주장하기 위해 다시 유교 도덕이 강조되었고, 인륜의 명목을 바르게 한다는 의미에서 유교를 명교(名敎)로 불렀다. 그러나 정글의 시대에 유교는 적절한 가치 기준이 되지 못했다. 결국 노장의 '무명(無名)'*을 믿으며 권력에 저항하는 사람들이 생겨났는데, 죽림칠현(竹林七賢)**이 바로 그들이다.

진나라에서는 구품관인법을 수정하여 지방마다 임명한 중정이라는 관리가 덕행과 재능을 9품이라는 기준으로 심사해 중앙정부에 천거하게 한 '구품중정법(九品中正法)'을 실시했다. 이에 따라 지방은 물론 중앙정부의 고급 관료도 호족층이 독점하고 명문 귀족으로 여러 대에 걸쳐 군림하게 되었다. 이를 문벌귀족제(門閥貴族制)라고도 한다. 이는 동진에 와서 더욱 강화되었고, 대귀족 층의 향락적 생활을 초래했다.

강남을 중심으로 한 동진은 화북과 여러모로 달랐다. 화북은 저온건조하고, 강남은 고온다습했다. 평균기온도 15도 이상과 이하이고, 강우량도 1천 밀리미터 이상과 이하로 구분되었다. 화북은 밭농

---

* 명교보다도 근원적인 우주의 본체로서의 도.
** 부패한 정치권력에 등을 돌리고 대나무 숲에 모여서 거문고와 술을 즐기면서 청담으로 세월을 보낸 7명의 선비로, 산도(山濤), 왕융(王戎), 유영(劉伶), 완적(阮籍), 완함(阮咸), 혜강(嵇康), 상수(向秀)를 묶은 말이다. 강좌칠현(江左七賢)이라고도 한다. 그들은 하안(何晏)과 왕필(王弼)이 시작한 유학의 새로운 해석을 바탕으로 한 3현(三玄)이라고 불리는 『도덕경』, 『장자』, 『주역』의 연구와 해설을 중심으로 하는 현학(玄學)과 합쳐 청담사상을 완성했다. 불의한 권력에 대한 저항 의식을 가지고 물욕과 권력욕을 억제하고자 했으나 권력의 탄압으로 저항 의식을 상실하고 공담(空談)에 빠지게 되었다. 또 혼자서 은거한 것이 아니라 무리를 지어 영향력을 유지했으며, 호화롭게 살면서 도성 부근에서 술 마시기를 좋아하고, 은거 기간도 그리 길지 않아 정치적 계산과 출세를 목적으로 한 것이라는 비판도 있다.

사 중심으로 잡곡을 생산하여 분식이 주를 이루었고, 강남은 논농사 중심으로 쌀을 익혀 먹는 입식(粒食)이 주가 되었다. 인구도 화북이 2배 정도 많고, 관개망이 발달하여 생산량도 많았다. 반면 강남은 원생림 지대가 많아서 대귀족이든 유민이든 토지를 개간할 필요가 있었다. 뒤에서 보듯이 「귀원전거」 1수에서 도연명이 "남쪽 들판에 황무지를 개간하며"라고 노래한 것은 이러한 강남의 사정을 말한 것이다. 또한 강남 지방은 강이 많아 운송 수단으로 배를 이용하고, 화북 지방은 산과 사막이 많아 말을 이용한다는 의미에서 남선북마(南船北馬)라고 한다. 뒤에서 보듯이 도연명의 시에도 배를 통한 이동의 묘사가 자주 나온다.

동진의 문화는 귀족 중심이었다. 왕희지(王羲之, 303~361)나 고개지(顧愷之, 344~406경)가 서화를 대표했다. 예술보다 더 발달한 분야는 사상이었다. 특히 불교가 전파되어 노장철학이 심화되었는데, 중국의 토착 신앙은 불교의 영향을 받아 노장사상과 융합하여 도교로 체계화되었다.

어지러운 시대에는 문학도 비분강개의 성격을 띠기 마련이다. 전제권력에 저항하여 내면의 긴장과 번뇌를 보여주는 죽림칠현의 문학도 그 시대의 산물이었다. 그러나 서진에 와서는 기교적이고 정서적인 표현이 귀족들에게 사랑받았고, 동진에 와서는 노장과 불교의 영향이 커져 난해하게 되었다.

도연명의 상상 속 선조

 도연명의 시 중에서 내가 별로 중시하지 않는 것이 하나 있다. 자신의 조상을 읊은 「명자(命子)」(412)이다. '명자'란 아들이 태어나서 이름을 지어주는 것이라고 보는 견해(차주환, 24쪽; 이치수, 42쪽; 카미타니다케시, 61쪽; 오오야네분지로, 445쪽)*도 있고, 406년 도연명이 41세 때 아들이 13세가 되자 훈계하기 위해 지은 시라고 보는 견해(이성호, 48쪽; 리진취엔, 84쪽)도 있다. 이는 모두 잘못된 것이다. 사실은 19세가 된 아들에게 자(字)를 지어준다는 뜻으로, 도연명의 장자 엄(儼)이 성년이 된 19세 때 관례를 행하고 자를 지어줄 때 조상의 덕을 기리며 읊은 시다. 특히 증조부인 도간(陶侃)에 대한 존경이 흘러넘친다. 반면 도간 이전의 선조는 상상 속의 선조들이다.

 내용은 세 단으로 나누어지는데, 3절까지 상단이 조상들, 6절까지 중단이 증조부 도간과 조부 도무(陶茂) 그리고 아버지, 이어 마지막 하단으로 자신의 처지를 반성하면서 아들에게 기대하는 바를 노래한다. 먼저 상단을 읽어보자.

유구한 역사의 우리 조상은
요임금에서 비롯되었네.
멀리는 순임금의 빈객(賓客)이었고

---

* 이 책은 『命子』를 도연명의 최초 작품으로 도연명이 29세에 쓴 것으로 본다.

대를 이어 거듭 빛났네,
어룡 씨는 하나라에서 봉사하고
시위 씨는 상나라를 도우셨네.
훌륭하신 사도 도숙 시기에
우리 종족이 번창하였네.

  2행의 요(堯)임금은 고대 중국의 삼황오제(三皇五帝) 전설에서 오제에 해당하는 신화적 인물이다. 원래의 시에서는 도당(陶唐)이라고 하는데 이는 그가 도(陶) 지방에서 태어나 당(唐) 지방에 나라를 세웠기 때문이다. 출신지인 '도'의 한자어는 질그릇을 뜻하는데, '요'라는 글자에 흙을 뜻하는 '토(土)'가 셋이나 겹쳐 있어서 정교한 토기 제작 기술을 보유한 집단의 지도자로 추정하기도 한다. 사마천의 『사기(史記)』에 의하면 20세에 왕위에 올라 70년간 나라를 다스렸다.

  요임금은 순임금과 함께 명군(名君) 또는 성군(聖君)의 대명사이다. 이는 그가 임금인데도 매우 검소하여 겨울에는 가죽옷을, 여름에는 삼베옷을 입었으며, 띠집에서 채솟국으로 끼니를 채웠다고 전해졌기 때문이다. 또한 일에 열중하고 자신을 돌보지 않아 악전이라는 신선이 요를 보고 동정하여 수명을 늘릴 수 있는 신령스러운 잣을 나누어줬다는 이야기도 전하는데, 그것을 받고 먹을 새도 없이 다시 일했다고 한다. 그래서 천하는 평화로워져 시골 노인이 평상복 차림을 한 요임금 앞에서 태평성대에 취해 막대기로 땅을 치며 "해가 뜨면 일하고 해가 지면 쉬고, 우물 파서 마시고 밭을 갈아 먹으니, 임금의 덕이 내게 무슨 소용이 있으랴."라고 노래 불렀다고 한다. 그것이 바로 팔구십 되는 노인이 양(壤)*을 두드리며 불렀다는 「격양가(擊壤歌)」다.

요임금의 뒤를 이은 사람이 순임금이다. 요임금에게는 단주(丹朱)라는 아들이 있었지만, 덕과 재능이 없어서 요는 아들 대신 현명한 이에게 왕위를 물려주기로 했다. 그래서 당시 은자로 유명했던 허유(許由)를 찾아갔지만 한마디로 거절당하여 순을 찾아갔다. 요는 가난한 순의 살림을 돌봐주고 자신의 두 딸 아황과 여영을 그에게 시집보냈다. 순이 덕을 평가하기 위한 시험에서도 통과하자 요는 순에게 왕위를 물려주었다.

도연명은 자신의 선조가 자신과 성이 같은 '도' 씨인 요임금부터 시작한다고 보지만 믿을 만한 것이 못되고, 중국인다운 과장이라고 볼 수도 있다. 게다가 도당의 후손인 어룡(禦龍)과 시위(豕韋)가 각각 하나라와 은나라 등에 봉사하고, 주나라에서는 도숙(陶叔)이 교육을 담당하는 관직인 사도(司徒)가 될 정도로 번창했다고 말하지만, 역시 믿을 만한 이야기가 아니다. 역사적으로 고증이 가능한 도연명의 증조부 도간(陶侃)은 오계만(五渓蛮)이라고 하는 만족(蛮族) 출신이다. 따라서 한족의 전설에 나오는 사람들을 선조로 삼는다는 것 자체가 무리이다. 그러나 귀족제도가 성행한 남조시대에는 이런

---

* 나무를 깎아 만든 고대 중국의 악기.

일이 당시 사족들의 습관적인 위장이었고, 더 나아가 봉건 사대부의 일반적인 관행이었다.* 특히 도연명은 명문 사족 출신이 아니었기에 가문을 드높이려 조상을 미화할 필요가 있었다. 그러나 그가 요임금에게서 자신의 뿌리를 찾은 것은 단순히 권위를 강화하기 위해서가 아니었다. 오히려 요임금의 삶과 사상 속에서 자신의 사상의 근원을 발견할 가치가 있다고 보았기 때문인데, 이는 다른 시에서 요임금이 순임금과 함께 농사를 지었다고 강조한 대목에서도 드러난다.

어지럽던 전국시대
막막하게 쇠약해진 주나라 말년.
봉황은 숲에 숨고
은자는 산에 들어갔네.
성난 용이 구름 어지럽히고
거센 고래는 파도를 놀라게 했네.
하늘이 한나라를 이루자
우리 민후를 돌보아주었네.

* 가령 중국 전국시대 초나라의 시인이자 정치가인 굴원(屈原, 기원전 340~278)도 「이소(離騷)」의 서두에서 '고양 황제의 유구한 후손이여, 나의 부친은 백용이라네(帝高陽之苗裔兮 朕皇考曰伯庸)'라고 했다. 즉 자기 조상이 삼황오제 중 하나인 고제(高帝)라고 하며 자신과 임금이 성이 같다고 했다. 중국 전한(前漢) 시대의 역사가인 사마천(司馬遷, 기원전 145경~86)도 『사기』「태사공 자서」에서 '우리 선조는 주나라 왕실의 태사였다.'고 하고, 후한의 역사가인 반고(班固, 32~82)도 『한서(漢書)』「서전」에서 '반씨의 선조는 초나라와 성이 같으며 영윤 자문의 후손'이라고 했다. 이러한 관행은 청대까지 이어졌다.

춘추전국(春秋戰國)의 쇠퇴를 거쳐 한(漢)나라에 이른다. 날쌘 규룡(逸蛟)이나 거센 고래(奔鯨)는 전국시대의 혼란과 진시황의 폭정을 비유한다. 한나라에서 도사(陶舍)라는 선조가 고조에게 봉사해 민후(閔侯)라는 시호를 받고 개봉후(開封侯)에 봉해졌다.

아아 빛나는 민후께선
시운을 따라 천자를 도우셨네.
검 잡고 바람처럼 내달리며
혁혁한 무공을 떨치셨네.
산과 강에 맹세한 한고조께서
선조를 개봉후에 봉하셨네.
근면하신 승상께선
진실로 선대의 위업을 이으셨네.

7행의 승상은 도청(陶靑)을 말하는데, 그는 부친인 도사의 개봉후를 계승하였다. 민후의 무공을 찬양하는 3장으로 상단은 끝난다.

도연명의 3대 조상

이어지는 중단에서는 증조부인 도간부터 아버지까지의 3대 조상에 대해 노래한다. 도간은 서진에서 동진에 걸쳐 활약한 무장으로 여러 전공에 의해 장사공(長沙公)으로 봉해지고, 사후에는 대사마(大司馬)가 되었다. 조부인 도무(陶茂)도 출세하여 무창태수(武昌太守)가 되었다.

　넘실거리는 큰 물결 같고
　우람하고 무성한 큰 나무 같네.
　여러 강이 그에게서 나오고,
　많은 가지가 그에게서 퍼졌네.
　때때로 말할 때도 침묵할 때도 있고
　운도 오르내렸네.
　우리 동진 시기에는
　장사공이 위업을 세우셨네.

　도사를 이어 도씨 일족은 여러 갈래로 나누어지고 성쇠를 거듭하는 가운데 증조부인 도간이 나타났다.

　늠름하신 장사공은
　공을 이루시고 덕을 세우셨네.
　천자께서 장사공에게 봉토를 내리시고
　남쪽 지방을 다스리게 하셨네.
　공을 세운 뒤 미련 없이 물러나시고
　총애를 받아도 변함이 없었네.

누가 이러한 마음을 말하랴
요즘에 볼 수 있다고.

장사공(長沙公)이 된 증조부 도간은 공훈을 세우고 덕도 높아서 천자가 중요하여 남쪽을 정벌하고 지배했다. 그리고 정벌을 완수한 뒤에 사직하여 보기 드문 모습을 보였다.

근엄하셨던 우리 조부께서는
마지막을 조심하길 처음처럼 하셔서
곧고 바름이 여러 관서에 알려지고
은혜가 천 리를 화합하셨네.
아아 어지셨던 부친께서는
담담하게 마음을 비우고 고요하셨네.
벼슬길에 잠시 몸을 맡기기도 하셨으나
섭섭함과 기뻐함에 초연하셨네.

1행의 '우리 조부'란 도무를 말하는데, 그는 증조부처럼 겸손한 사람이었다. "마지막을 조심하길 처음처럼 하셔서"라는 것은 『노자』 64장에 나오는 말이다. 삼대란 중앙의 중요 관직을 말한다. 도연명의 아버지 도일(陶逸)은 젊을 때 죽어서 전해지는 바가 없으나, 도연명은 존경을 표하고 있다. 이상 3장으로 중단이 끝난다.

아들에게 부탁함

나머지 4장의 후단에서는 앞에서 말한 선조들에 비해 자신이 부끄럽다고 하면서 아들에게 장래를 부탁한다.

아! 나는 덕이 없고 고루하여
우러러보아도 미칠 수가 없네.
다만 허연 귀밑머리에 부끄러워져
그림자를 뒤로 하고 홀로 서 있네.
삼천 가지 죄 가운데
후사 없는 것이 가장 큰 죄라 했네.
내가 진실로 염원하였더니
'앙' 하는 너의 우는 소리 듣게 되었네.

삼천 가지 죄 가운데 후사 없는 것이 가장 큰 죄라고 하는 것은 『효경』「오형」편에서 삼천 가지 죄 가운데 불효가 가장 크고, 『맹자』「이루」편에서 불효에 세 가지가 있는데 후사 없는 것이 가장 크다고 한 말에서 나온 것이다.

거북점에 좋은 날이라고 하였고
시초점도 좋은 때라 하였네.
너를 엄이라고 이름 지었으니

너에게 구사(求思)라고 자를 지어주네.
아침저녁으로 온화하고 공손할 것이니
이를 생각하고 여기에 마음 둘지어다.
위로 '공급'을 생각하면서
미칠 수 있기를 바랄지니라.

'구사(求思)'라는 자는 공자의 손자인 공급(孔及)의 자가 '자사(子思)'인 점을 염두에 두고 지은 것이다. "이를 생각하고 여기에 마음 둘지어다."는 『시경』「대우모」편에 나오는 말이다.

문둥이가 밤에 아이를 낳고
서둘러서 불을 찾았다네.
모든 이가 그런 마음 가지고 있으니
어찌 나만이 홀로 그렇겠느냐.
이미 네가 태어난 것을 보았으니
실로 네가 잘되기를 바라네.
사람들이 또 한 말이 있듯이
이 심정엔 거짓이 없다네.

문둥이 이야기는 『장자』「천지」편에 나오는 것이다.

세월이 지나면서

점차 어린이를 벗어났네.
복은 그냥 오지 않지만
화는 역시 쉽게 닥치네.
일찍 일어나고 늦게 잠자리에 들어
네가 인재가 되기를 원하네.
네가 인재가 되지 못한다 해도
또한 그만일 뿐이지만.

"일찍 일어나고 늦게 잠자리에 들어"는 『시경』「소아 소완」편에서 "일찍 일어나고 늦게 자서, 너를 낳아준 부모를 욕되게 하지 마라."고 한 말에서 나왔다.

앞에서 보았듯이 「명자」에서 언급된 선조 중에 고증이 가능한 사람은 도연명의 증조부인 도간과 그의 아버지 도단(陶丹)뿐이다. 도단은 오나라의 장수였으나 오나라가 서진에게 망한 뒤 그의 아들인 도간은 가난 속에서 열심히 노력해야 했다. 서진이 동진에 망하는 데 공을 세운 도간은 벼락출세했으나 사족들에게 경멸당했고, 그의 사후 도씨 집안은 다시 쇠락했다. 도연명은 아버지가 벼슬을 했다고 썼지만, 믿을 수 없다.

18세기 중국 화가 민정(Min Zhen)이 그린 도연명.

도연명의 외가

　도연명의 어머니는 동진의 명사인 맹가의 넷째 딸이다. 도연명은 37세 때 어머니를 여의는데, 상중에 쓴「진나라 고 정서대장군 장사 맹부군의 전(晉故征西大將軍長史孟府君傳)」에서 외조부의 집안을 설명한다. 그는 외조부의 효행과 인품을 찬양하고 그에게 높은 문학적 소양이 있었고, 그것이 도연명에게 전해졌음을 보여준다. 도연명이 태어났을 때 외조부는 이미 세상을 떠났지만, 그는 어머니에게 외조부에 대해 들으며 자랐다. 도연명의 친가는 무관이어서 문학과 무관했지만, 외가는 문학에 친숙하였기에 도연명의 문재(文才)는 외가에서 온 것 같다. 아울러 도연명이 당당하게 살고 자연을 사랑한 것도 외조부에게서 온 것이었음을 다음 문장을 통해 알 수 있다.

　처음 머리 묶던 시절부터 지천명의 나이에 이르도록 행함에 구차하게 영합하지 않았고, 말에는 자랑이나 뻐김이 없었으며, 일찍이 기뻐하고 성내는 얼굴빛이 없었다. 얼큰하게 술 마시기를 즐겼고, 주량을 크게 넘겨도 흐트러지지 않았다. 생각에 맡겨 뜻을 얻음에 이르면, 화락하게 세상 밖으로 몸을 맡겨 마치 곁에 사람이 없는 것 같았다. 온은 일찍이 부군에게 물었다. "술에 무슨 좋은 점이 있기에 그대는 그것을 좋아하는가?" 부군께서 웃으며 답하시기를 "훌륭하신 대감께서 다만 술 속의 운치를 느껴보지 못하셨을 따름입니다."라고 하셨다. 또

묻기를 "기녀의 풍류를 듣는 경우 실은 대나무만 못하고 대나무는 사람의 몸만 못한 것은 어째서인가?" 답하기를 "점점 자연에 가깝습니다."라고 하셨다.

3장

주경야독으로 보낸 성장기(0~27세)

가난한 집안

도연명이 농촌에 완전히 들어가기(41세) 전의 40년 생애에 대해서는 알려진 바가 거의 없다. 28세에 첫 벼슬을 하기 이전은 더욱 그렇다. 27세 이전에 대해서는 그가 쓴 「귀거래사」 서문에서 다음과 같이 언급된다.

나의 집은 가난하여 농사를 지어도 자급자족하기에 부족하였다. 어린 아이들은 집 안에 가득한데 쌀독에는 저장된 곡식이 없고, 생활에 필요한 비용을 마련할 방도도 찾지 못하였다.

어린 시절의 가난에 대해서는 위의 글 외에도 여러 곳에서 그 정황을 엿볼 수 있다. 앞에서 보았듯 「자제문」에서도 "사람으로 태어나 가난한 운명을 만났기에 밥그릇은 자주 비고 거친 베옷으로 겨울을 보냈네. 즐거운 마음으로 계곡물 길었고 나뭇짐 지고 가며 노래 불렀네. 어두운 사립문 나서서 새벽부터 한밤까지 일했네. 봄부터 가을까지 들에 나가 부지런히 일했네."라고 말한다.

도연명의 집에는 하인이 없어서 자신이 모든 일을 해야 했다. 어려서부터 평생토록 일했다. 나이가 들어서는 농사일을 즐거워했지만 어려서부터 즐거워한 것은 아니었다. 그가 벼슬길에 나선 것도 농사일보다는 벼슬이 먹고살기에 유리했기 때문이지 벼슬에 큰 의미를 부여한 것은 아니다. 따라서 그를 "농가의 전수자이자 전파자"(첸즈시, 69쪽)라고 볼 수 있는 것은 41세 이후에 와서였다. 도연명의 어린 시절은 비교적 풍족했다고 보는 견해(첸즈시, 67쪽)가 있으나, 확인하기 어렵다.

설사 풍족했다고 해도 그것은 아버지가 살아 있을 때일 터인데, 도연명의 아버지는 그가 7세 때 사망했다. 도연명은 「종제 경원의 제문(祭從弟敬遠文)」에서 "젖니를 갈 때가 되어서 둘 다 한쪽 어버이가 돌아가셨다."고 했다. 젖니는 6~7살부터 흔들려 빠지고 8~9살이 되면 전체 앞니가 영구치로 바뀐다. 따라서 그 나이쯤에 부모의 한쪽이 돌아가셨다는 것인데, 양친 가운데 아버지로 추측된다.

어머니는 「정씨에게 시집간 누이의 제문(祭程氏妹文)」에서 "자애로운 어머니가 일찍 세상을 떠나셔서 그때까지만 해도 아직 어린아이들이었다. 내 나이는 열둘이었고"라는 문장에서 보듯이 도연명이 열두 살 때 돌아가셨다고 보는 견해가 있다. 그러나 도연명이 37세가 되는 401년에 강릉에 이르렀을 때 거듭 '천벌에 걸렸다.'고 한 것이 어머니의 죽음을 말하므로, 앞의 '자애로운 어머니'는 서모이고, 뒤의 '천벌'이 생모의 죽음을 말하는 것이리라.(리진취엔, 128-129쪽)

책 읽기로 즐거웠고 거문고로 화답하다

나는 도연명이 27세까지 당시 대부분의 몰락한 사족 자제들이 그러했듯이 주경야독으로 성장했다고 본다. 집안이 가난했기에 낮에는 농사를 짓고, 밤이면 책을 읽었을 것이다.

도연명의 시대에는 독서가 쇠락했다. 당시 지식인들은 술이나 마시면서 노장이나 주역 그리고 불경이나 굴원의 『이소(離騷)』* 읽기에만 집중했다. 그러나 도연명은 그러한 풍조와 달리 "책 읽기를 좋아하지만, 깊이 파고들지는 않았다. 매번 뜻에 맞는 글이 있으면, 즐거워하여 끼니도 잊었다."고 「오류선생전」에서 썼음을 아래에서 볼 것이다. 뒤에서 보는 「독 『산해경』」 1수에서도 다음과 같이 말한다.

초여름 초목 자라고
집 둘레에 나무 더욱 우거졌네.

---

* 『사기(史記)』의 「굴원전(屈原傳)」에 따르면 굴원이 초 회왕과의 갈등, 간신들의 모함으로 인해 초나라 궁정에서 쫓겨나서 유배 생활을 하던 도중에 세상에 대한 이상과 실망감을 담은 시 「이소」를 지었다. '리(離)'는 만남(遭)을, '소(騷)'는 근심(憂)을 뜻하기 때문에 '이소(離騷)'는 '근심을 만난다.'는 뜻이다.

새들이 깃들 곳 있어 기뻐하듯
나도 내 초막 사랑하네.
이미 밭 갈고 씨 뿌렸으니
책 읽을 시간이 왔네.
내 가난한 골목은 큰길과 멀리 떨어져
친구들도 수레 되돌려 찾지 못하네.
기쁘게 봄 술 따라 마시며
뜰의 채소를 따네.
가랑비가 동쪽으로부터 오니
부드러운 바람 함께 불어오네.
『목천자전』* 이야기를 두루 훑어보며
『산해경』 그림을 흐르듯 살펴보네.
위아래 온 우주를 다 보았으니
즐겁지 아니한가?

  위 시는 도연명이 노년에 쓴 시이지만 어린 시절의 독서와 조금도 다르지 않다. "도연명은 읽지 않은 책이 없었고, 평생 쉬지 않고

---

* 『목천자전(穆天子傳)』은 중국에서 가장 오래된 소설로 위(魏)나라 무렵의 작품으로 작가는 미상이다. 주인공은 주나라의 목왕(穆王)이며, 황허강 수원으로 가는 여행길에 올랐다가, 황허강 하신(河神)의 안내로 천제(天帝)의 딸 서왕모(西王母)와 만나 시가(詩歌)를 주고받는다. 다시 남쪽으로 가서 성희(盛姬)라는 미인과 결혼하는데, 성희가 죽자 호화로운 장사를 지낸다는 이야기 등이 연대순으로 기술되었다. 모두 가공의 이야기이다.

읽었다."(첸즈시, 73쪽)고 보는 견해가 있지만, 그 말의 뒷부분은 옳은 반면 앞부분에 대해서는 의문이 있다.

뒤에서 보는「귀거래사」에서 도연명은 "거문고와 책을 즐겨 시름을 달래고"라고 노래했다. 그 밖에 여러 시에서 그는 독서와 함께 거문고를 언급한다. 가령「자제문」에서는 "책 읽기로 즐거웠고 거문고로 화답했다."고 했음을 앞에서 보았다.

사랑

도연명에게 사랑이 없을 리 없다. 어느 시인에게나 사랑의 시가 없을 리 없다. 시인의 노래 모두가 사랑의 노래일 수도 있다. 그러나 도연명은 단 한 편의 사랑 시를 남겼다. '애정의 갈망을 가라앉히며'(이치수, 284쪽)라고도 번역되는「한정부(閑情賦)」한 편이다. 이는 '한(閑)'이라는 한자에 '막다'라는 뜻이 있고, 시 전체의 내용을 '정(情)을 막다'고 보는 점에 입각한 해석인 듯하다. 다분히 유교적 전통에 충실한 해석이다.

그러나 그 내용은 분명히 고아하고 아름다운 여성을 사모하는 시다. 그래서 '한정'을 '한가한 심정, 유유자적한 마음, 아무런 매임이 없는 자유로운 심정'을 뜻한다고도 볼 수 있다. 나는 그러한 자유로운 시심이 도연명 시의 본질이라고 생각한다. 자유롭고 한가하게 사랑을 노래한다는 것이다. 이는 도연명이 뒤에서 보는「구일한거

(九日閑居)」에서 '한거'를 말할 때는 "젊어 아직 출사하지 않았을 때나, 잠시 관직을 그만두고 집에 거할 때의 생활 정취를 말하며, 만년에 농사짓던 일은 한거라고 지칭하지 않는다."라고 보는 점과도 통한다.

따라서 '애정의 갈망을 가라앉히며'가 아니라 도리어 '애정의 갈망을 한가하게 노래'하는 것으로 이해할 수도 있다. 물론 사랑의 노래에는 사랑이 이루어지지 않음으로 인한 슬픔도 있고, 사랑의 마음을 눌러야 할 필요도 있다. 그러나 그것은 어디까지나 사랑의 과정이고 결과이며, 사랑 노래의 중심은 어디까지나 '사랑' 자체다. 그래서 제목을 한자어 그대로 직역하여 '한가한 마음으로 사랑을 노래하다'로 보아도 좋다.

나는 도연명의 시 중에서 이 시를 가장 좋아한다. 그래서 그의 대표작이라고 생각한다. 자신의 사랑을 당당하게 노래하기에 그는 누구보다도 '근대적인 개인'이다. 유교 전통이 강한 중국의 문학사에서 사랑을 이렇게 절절하게 노래한 시인은 다시 없다. 중국의 현대문학 연구자인 엽가영(葉嘉瑩)이 "이 부(賦)를 썼기 때문에 도연명이라는 사람은 비로소 완벽해졌다."*라고 한 평가에 동의하면서도 그것이 '개인으로서의 완벽성'을 추구하는 시이기 때문에 중요하다고 본다. 그러나 이 시는 '전집'이 아닌 '선집'에서는 항상 빠질 정도로 무시되는 경향이 있어서 유감이다.** 위에서 나는 도연명이 조상

---

* 葉嘉瑩, 『葉嘉瑩說陶淵明飮酒詩與擬古詩』, 中華書局, 2007, 265쪽.
** 김학주나 김창환2의 선집이 그렇다. 이러한 태도는 살아생전에 무명이었던 도연명이 죽은 뒤 남

을 미화한 시에 대해 유감이라고 했는데, 여기서는 이 시를 무시하는 경향이 유감이라고 말하고 싶다.

이 시는 391년, 도연명이 26세에 쓴 것으로(이성호, 258쪽) 보는 견해도 있지만, 18세 때 지었다고 보는 견해, 그보다 훨씬 더 나이가 든 뒤에 지었다는 견해 등이 있다. 시풍으로 볼 때 그 자유로운 시상이 전통적인 유교적 분위기를 벗어났다고 하는 점에서 40대의 작품으로 볼 수도 있지만, 사랑에 나이가 없다고 본다면 50대나 60대의 작품으로 볼 수도 있다. 신라시대의 향가「헌화가(獻花歌)」*처럼 도연명이 노인이 되어서 쓴 사랑의 시라고 봐도 무방하다.

여하튼 시인이 사랑을 노래한 시임은 분명하다. 이 시를 쓸 당시의 사랑에 대해서 노래한 것일 수도 있고, 아내에게 바치는 시일 수도 있다. 물론 그에게 사랑이 한 번이었다고 할 수는 없다. 사춘기부터 사랑은 여러 차례 있을 수 있잖은가. 그런 의미에서 이 시를 여기에서 다루고자 한다.

문제는 도연명이라는 대시인이 이토록 애틋한 사랑을 표현한 대상이 누구였는지가 명확하지 않다는 점이다. 중국에서는 유교의 본

조 양(梁)나라의 소명태자(昭明太子) 소통(蕭統)이 그를 재발견했는데, 그는 「도연명집서(陶淵明集序)」에서 "나는 그의 글을 좋아하고 즐겨 손에서 놓지 못한 채, 위로 그 덕을 상상하면서 동시대에 살지 못함을 한스러워하였다. 그런 까닭에 다시 더 찾아 구하고 대략 편목을 구분해놓는다. 백옥에 작은 흠이랄 것은 오로지 「한정부」한 편에 있으니 (중략) 이는 없는 것이 좋겠다."(이성호, 7-8쪽)라고 한 뒤의 전통인지도 모른다. 근엄한 유가에게는 「한정부」가 '없는 편이 좋을' 만큼 실패작이라 여겼던 것일까.

* 여러 종류의 번안이 있지만 여기서는 남풍현의 것을 소개한다.
  자줏빛 바위 가에 / 잡고 있던 손 암소 놓게 하시고 / 나를 아니 부끄러워하시거든 / 꽃을 꺾어 바치겠습니다.

향답게 그 대상이 여인이 아니라 나라이고 임금이라는 등의 해석이 있다. 정철의 「사미인곡(思美人曲)」처럼 말이다. 그러나 이 시의 어디에 그렇게 볼 구석이 있단 말인가? 이 시를 읽으면서 나는 여인을 사랑한 적이 없는 사람은 절대로 쓸 수 없는 시이고, 여인을 사랑한 적이 없는 사람이라면 절대로 이해할 수 없는 시라고 생각했다. 그만큼 절실하고 열렬한 사랑의 시다.

「한정부」 서문과 1수

「한정부」 서문은 다음과 같다.

처음에 장형(張衡)*이 「정정부(定情賦)」를 지었고, 채옹(蔡邕)**은 「정정부(靜情賦)」를 지었다. 그들은 거침없는 수사를 자제하여 담백한 정서를 으뜸으로 삼았다. 그 글들은 처음에 생각을 분방하게 펼치지만 끝내 우아하고 올바른 데로 돌아갔다. 이로써 방탕하게 흐르는 사심(邪心)을 막아 진실로 완곡하게 고치는 데에 도움이 될 수 있을 것이다. 글을 짓는 선비들은 대대로 이어서 글을 지었는데, 모두 같은

---

* 장형(78~139)은 중국 한나라의 수학자, 정치가, 천문학자, 지진학자, 수력공학자, 발명가, 지리학자, 지도 제작자, 민족지학자, 예술가, 시인, 철학자였다. 「정정부(定情賦)」에서 그는 '아, 이 매혹적인 여인의 정숙미! / 그녀는 꽃 같은 매력과 꽃이 만발한 얼굴로 빛난다. / 그녀는 모든 동시대 사람들 중에서 독특하다. / 그녀에게는 동료들 중에 동료가 없다.'고 노래했다.
** 채옹(133~192)은 후한 말기의 학자.

내용을 거듭하여 그 글의 뜻을 넓혀 왔다. 나 역시 전원생활에서 여가가 많은지라 붓에 먹을 찍어 글을 지어보았다. 비록 문장의 묘미가 풍족하지는 못하지만, 아마 이전 글 짓는 이들의 뜻에 어긋나지는 않을 것이다.

위 서문은 사랑 노래에 대한 중국식 전통을 보여준다. 바로 '사람의 감정은 남녀 간에 발생할 수 있지만, 그것은 예절의 제약을 받는다.'는 점이다. 그러나 이러한 내용의 서문은 도연명이 뒤에 이어지는 시를 향한 비난을 피하려고 쓴, 일종의 장치라고도 볼 수 있다. 그러니 서문은 무시하고 바로 1수부터 읽어보자.*

얼마나 뛰어나게 아름다운 자태인가?
홀로 세상의 무리에서 빼어나네.
경국지색의 미모이며
마음의 덕도 널리 알려졌네.
아름다운 옥이 이처럼 고결할까?
그윽한 난초가 이처럼 향기로울까?
다정함이 세상을 적시고
고상한 뜻은 높은 구름을 품는다네.

---

* 「한정부」는 시가 아니므로 몇 수로 나눌 수 없지만, 여기서는 시의 형식을 빌려본다.

도연명의 여인은 아름답기도 하지만 덕이 높다. 고결하고 향기로우며 다정하고 고상하다. 나는 도연명의 여인 예찬에 공감한다. 그 여인이 남들 보기에 반드시 그렇지 않았다고 해도 여인을 사랑하는 시인의 눈에는 그렇게 보일 수 있다. 그런데 뒤에 이어지는 부분은 허무여서 놀랍다. 이처럼 사랑에서 시작해 인생의 허무를 노래하는 것은 한나라 이후 형성된 애정 표현의 한 유형이지만, 그것이 이룰 수 없는 사랑이기에 그러하다면 사춘기의 짝사랑일 수도 있고, 나이가 들어서 몰래 하는 사랑일 수도 있다.

새벽빛 쉽사리 저녁으로 바뀜을 슬퍼하고
삶의 수고로움을 애달파한다.
누구나 백 년도 못 사는데
어찌 즐거움은 적고 슬픔은 많은가!
붉은 휘장 걷고 바로 앉아
거문고 연주하며 홀로 즐기네.
섬섬옥수 아름다운 소리 내고
흰 소매는 분주히 움직이네.
아름다운 눈길로 둘러보는데
말하려는지 웃으려는지 분간하기 어렵네.
가락은 한창인데
해는 서쪽 난간으로 떨어지고
가을바람 숲을 스치며 슬피 울고

흰 구름 서산에 걸리네.

우러러 하늘을 바라보고

고개 숙여 현을 튕기노니

신비한 외모 아리땁고

행동거지 얌전하고 고와라.

맑은소리 퉁기어 나를 감동시켜

무릎 맞대고 이야기 나누고 싶네.

몸소 찾아가서 고백할까나.

결례라며 허물하시면 어찌할런가.

기다렸다 봉황 통해 말을 올릴까.

다른 이가 먼저 가면 어찌할런가.

어찌지 못하고 몸살을 앓는데

순식간에도 혼백은 수없이 왔다 갔다 하는구나.

사랑의 갈망, 「한정부」 2수

내가 옷이라면 그대 옷깃 되어

그대 고운 머리카락 은은한 향기 맡고 싶지만,

슬프다! 밤이면 벗을 비단 옷깃

아직도 많이 남은 가을밤 원망할까 봐.

내가 치마라면 그대 허리띠 되어

그대 아리따운 가는 몸 묶고 싶네,

안타깝다! 추위와 더위의 변덕스런 날씨에

옛 옷 벗고 새 옷 갈아입어 버릴까 봐.

내가 머리카락이라면 그대 머릿기름 되어

그대 어깨 드리운 검은 머리 빗겨주고 싶지만,

슬프다! 어여쁜 이는 머리 자주 감으니

맑은 물로 씻어 버릴까 봐.

내가 눈썹이라면 그대 눈썹 먹 되어

그대 눈길 따라 아름답게 드날리고 싶지만,

슬프다! 연지와 분 더 아름답게 여겨

화장하며 지워져 버릴까 봐.

내가 왕골이라면 그대의 자리 되어

그대 가을 석 달 여린 몸 쉬게 하고 싶지만,

슬프다! 아름다운 이불이 대신하여

해를 넘겨서야 날 찾을까 봐.

내가 실이라면 그대의 신발 되어

그대 고운 발에 붙어 다니고 싶지만

슬프다! 행동거지에 절도 있어

헛되이 침대 머리에 버려질까 봐.

내가 낮이라면 그대의 그림자 되어

언제나 그대의 몸을 따라 여기저기 드리우고 싶지만,

슬프다! 높은 나무 그늘에 가려

때때로 함께할 수 없을까 봐.

내가 밤이라면 그대 위해 등불 되어

두 기둥 사이에서 그대 옥 같은 얼굴 비추고 싶지만,

슬프다! 태양이 빛을 펼치면

갑자기 불 꺼지고 밝음이 사라질까 봐.

내가 대나무라면 그대 위해 부채가 되어

시원한 바람을 머금어 그대 부드러운 손에 잡혀 있고 싶지만,

슬프다! 흰 이슬 새벽에 내릴 때면

아득하게 멀어져 그대 옷깃만 돌아보게 될까 봐.

내가 나무라면 그대 위해 오동나무 되어

무릎 위에서 울리는 거문고가 되고 싶지만,

슬프다! 즐거움이 극에 달하면 슬픔이 온다는데

나를 밀어내고 연주를 그치게 될까 봐.

이상 열 가지 바람은 구체적으로 사랑의 마음을 전한다. 시인은 여인의 옷깃, 치마, 머릿기름, 눈썹, 왕골, 이불, 신발이 되고, 또한 그녀의 낮 그림자, 밤의 등불, 여름 부채, 오동나무 거문고가 되고 싶어 하지만 그 어느 경우에나 항상 슬픔이 따른다. 앉아 있든, 걷든, 누워 있든, 어둡든, 낮이든, 봄, 여름, 가을, 겨울, 시인은 그녀를 떠나고 싶지 않다. 그녀와 접촉할 수 있는 모든 것, 상상력의 촉수가 애용된다. 그러나 곧 희망은 사라지고 절망이 온다. 여인이 자주 거닐던 남쪽 숲에서 거닐며 여인과 다시 만나기를 고대하지만, 그 바

람은 이루어지지 않기 때문이다.

    생각해보니 내 바람은 반드시 이루어질 수 없으니
서로의 마음만 아프다네.
가슴 가득 괴로워도 하소연할 곳 없어
남쪽 숲을 걸으며 배회하네.
목란에 내린 이슬방울
푸른 소나무의 우람한 그늘
걸음마다 문득 보이나니
마음속엔 두려움과 기쁨이 교차하네.
적막해 아무것도 보이지 않는데
홀로 근심으로 헛되이 찾았구나.
가벼운 옷깃 여미며 다시 걷다가
석양을 바라보니 탄식이 흐르네.
정처 없이 걸음을 내딛건만
처량한 저녁놀은 불쌍한 날 비추네.
가벼운 소맷자락을 걷고 오던 길을 되짚으며
석양을 바라보며 탄식하네.

    여인을 만나지 못하고 방황하다가 지는 해가 만들어내는 아름다운 석양 속에서 시인은 탄식한다. 오, 사랑하는 여인이여!

사랑의 절망, 3~4수

3수에서 시인은 사랑에 절망한다. 이루어지지 않은 사랑에 절망한 시인은 시들어가는 젊음과 허무하게 흐르는 세월을 슬퍼한다.

갈 곳을 모르고 배회하노니
처량한 내 안색 굳어버렸네.
이파리는 소소히 떨어져 내리고
싸늘하여라 추워지누나.
해는 그림자 등에 지고 함께 저물고
달은 구름 사이에서 얼굴을 비추네.
새는 처량하게 울면서 홀로 돌아가고
짝을 찾는 짐승들 돌아오지 않는다네.
슬프다 시들어가는 젊음이여.
이 해가 저물어 감을 한하노라.
생각난다, 그녀를 쫓아가던 꿈길이
정신이 벌렁벌렁 안정되지 않는구나.
배를 부리다 노를 잃은 것 같아라
벼랑을 오르는데 붙잡을 것이 없어라.

다음은 4수다. 추운 밤, 하늘에는 별이 가득하고 시인은 잠을 이루지 못하고 온갖 생각에 젖는다. 새벽에 집을 나서니 세상은 흰 서리로 아름답지만 피리 소리로 슬프다. 시인은 구름을 보고 여인을 사모한다.

수많은 별이 창가에 가득하고
북풍은 쌀쌀하네.
초조한 마음에 잠 못 이루고
온갖 생각이 뒤엉키네.
일어나 허리띠 매고 날 밝기를 기다리니
수북이 쌓인 서리 흰 섬돌에서 빛나네.
닭은 날개를 접고 울지 않는데
피리 소리 멀리 퍼지니 맑아서 더 구슬프네.
처음에는 섬세하고 평화롭더니
끝내 높은 소리로 멀리 퍼지니 슬프고 애달프네.
고운 님 여기 있다 생각하니
떠가는 구름에 사모하는 마음을 부치네.
떠가는 구름 가고는 말이 없고
시간은 살처럼 흘러가 버리네.
헛되이 근심하며 스스로 슬퍼하니
끝내 산에 막히고 강에 막히네.
맑은 바람 맞으며 번뇌를 떨치고
나약한 마음은 거친 물결에 부치네.
「만초」시의 남녀 만남 탓하고

「소남」에 전해오는 시를 읊는다네.
만 가지 생각에서 벗어나 성실하게 살아야 하리
아득히 팔방에 치달리던 마음 재우네.

「만초」 시란 『시경』에 나오는 시 「야유만초(野有蔓草)」를 말한다. 야유만초란 들에 있는 덩굴과 풀을 뜻한다. 그 첫 장은 "들녘의 덩굴과 풀에 떨어진 이슬이 많기도 하네 / 미인이 한 사람 있는데 맑은 이마가 아름답구나 / 우연히 서로 만났는데 나의 단짝을 맞았네."인데, 둘째 장도 비슷한 내용이다. 한편 「소남(召南)」은 『시경』에 나오는 국풍, 즉 민요조의 노래들을 말한다. 그중 「매실은 떨어져(摽有梅)」는 다음과 같다.

매실은 떨어져 이제 일곱 개 남았네
날 데려가실 님은 좋은 날에 오세요.
매실은 또 떨어져 이제 세 개만 남았네
날 데려가실 님은 오늘이라도 빨리 와 주세요.
매실은 다 떨어져 광주리에 담겼네.
날 데려가실 님은 말이라도 해 주세요.

「오류선생전」

「오류선생전(五柳先生傳)」은 도연명이 자신의 아호를 오류선생(五柳先生)이라고 하면서 자신의 생활관과 인생관을 객관적으로 서술한 글이다. 410년 도연명 46세에 지은 글이라고 보는 견해(이성호, 290쪽)도 있지만, 그보다 더 젊었을 때 쓴 글이라고 볼 수도 있다. 또 그의 어린 시절을 포함한 생애를 볼 수 있는 자서전적인 글*이라고도 볼 수 있다(저자가 자서전이라고 밝힌 적은 없지만, 도연명 자신의 생애와 유사하므로 자서전으로 볼 수도 있다). 자서전은 보통 1인칭으로 쓰는 것이지만, 「오류선생전」은 가공의 인물을 주인공으로 한 소설 형식을 취하고 있다는 점이 특징이다. 또한 매우 해학적인 문체로 집필하여 후세 전기체(傳記體) 규범 중 하나가 되었다.

「오류선생전」의 '오류'란 버드나무 다섯 그루를 뜻하는데, 그것들은 도연명의 집 앞에 있었다. 조부가 심은 것들로 수령이 50~60년 된 것들이라는 주장(첸즈시, 88쪽)도 있고, 도연명이 심었다고 보는 주장(김학주, 292쪽)도 있다. 버드나무는 도연명의 증조부인 도간과 관련이 있었다. 그가 군에 있을 때 각 부대에 버드나무를 심으라고 명했는데 어느 중간 간부가 병사들을 동원해 자기 집 앞에 버드나무를 옮겨 심은 것을 보았다. 이 일은 뒤에 역사가들에 의해 기록

---

* 중국 문학에서 최초의 자서전은 사마천의 『사기』 제1권 30 「태사공자서」이다. 이 글은 『사기』의 서설이자 저자의 자서전이다. 이는 『사기』가 사마천 일생일대의 책이라는 것을 말한다. 그런데 사마천은 1인칭이 아니라 3인칭으로 자서전을 쓴 점에서 도연명과 같았다.

되었는데, 도연명 집 앞의 버드나무도 그 일화와 관련이 있는지 알 수 없다.

선생이 어디 사람인지 모른다. 그의 성(性)과 자(字)도 모른다. 집 옆에 버드나무 다섯 그루가 있기에 그것으로써 호를 삼았다. 그윽하고 조용하며 말이 적었고 명예나 실리를 바라지 않았다. 책 읽기를 좋아하지만, 깊이 파고들지는 않았다. 매번 뜻에 맞는 글이 있으면, 즐거워하여 끼니도 잊었다. 천성이 술을 좋아하지만, 집이 가난하여 자주 마실 수는 없었다. 친구들이 이와 같은 처지를 알고 때때로 술자리를 마련하여 그를 불렀다. 마시는 데에 이르러서는 언제나 다 마셔버려 반드시 취하고야 말았다. 취하고 난 후에는 물러가는데, 가고 머무름에 미련을 두지 않았다. 누추한 집은 쓸쓸하기만 하고 바람과 햇빛을 제대로 가리지도 못했다. 짧은 베옷을 기워 입고, 밥그릇이 자주 비어도 마음은 편했다. 항상 글을 지으며 스스로 즐기면서 자못 자기 뜻을 나타내려 하였다. 이득과 손실에 대한 생각을 잊고서, 이러한 상태로 자신의 일생을 마치려 하였다.

그래서 주인공을 칭찬해 쓴다. 제(齊)나라의 검루(黔婁)에 대해 말하기를 '빈천을 두려워하지 않으셨고 부귀에 급급해하지 않으셨다.'고 했다. 그 말을 잘 새겨보면 검루는 오류선생과 같은 무리이다. 술을 흠뻑 마시고 시를 지으며 그 뜻을 즐기니, 무회씨(無懷氏) 시대의 사람인가? 갈천씨(葛天氏) 시대의 사람인가?

윗글의 시작인 "선생이 어디 사람인지 모른다. 그의 성(性)과 자(字)도 모른다."라고 함은 가문과 출신을 중시한 당시 사회에 대한 반항의 표현이다. 도연명은 가문이나 출신이 아니라 인격이 인간을 평가하는 기준이라고 주장한다.

"그윽하고 조용하며 말이 적었고 명예나 실리를 바라지 않았다." 고 함은 당시 현학(玄學)에 빠진 명사들이 허영과 사익을 위해 공허하고 형식적인 사교에 빠져 있음을 풍자한 것이다. 현학과 반대의 학풍인 경학(經學)에 빠진 유생들도 복잡한 이론에 젖어 명예와 실리를 노린 점에서 마찬가지였다. 경학의 '경'은 유학의 경전을 말하므로 경학이란 유교 경서의 해석을 목표로 한다. 한나라 초기에 사상계가 제자백가의 설로 혼란하고 유가가 쇠퇴하자 무제(武帝)는 동중서(董仲舒, 기원전 176?~104)의 건의로 도가의 설을 물리치고 유가를 국교로 채택하였고, 그 뒤 청나라까지 2,000년간 유교의 오경은 서양의 성경과 같은 지위를 확보했다.

그런데 경학에는 금문학(今文學)과 고문학(古文學)의 다툼이 있었다. 행정 능률의 향상을 위해 진대에 만들어지고 한대에 개량된 간체문자(簡體文字), 즉 예서(隸書)를 금문이라 하고 그 이전의 구체문자(舊體文字)를 고문이라 한다. 자체의 차이는 해석의 차이, 나아가 학파의 대립으로 번져서 결국에는 정치 세력까지 껴안은 항쟁으로 확대되고 내란으로 돌입했다. 동중서와 한무제는 금문학에 앞장섰으나, 금문학은 번쇄함과 미신이라는 병폐를 초래했다. 이에 반하는 고문학은 복고적이었다.

현학은 3세기에서 6세기에 성행한 중국철학의 학파로 유교와 도교를 혼합하여 『역경』, 『도덕경』, 『장자』 등을 재해석했는데, 그 세 권의 책을 '삼현(三玄)'이라 부르며 숭상했기에 '현학'이라는 이름이 붙었다. 대표적인 현학자는 왕필(王弼, 226~249)과 곽상(郭象, 252?~312)으로 각각 『도덕경』과 『장자』에 주석을 달았다. 그들은 밀교적이고 형이상학적인 가치를 탐구했으나, 개인의 보신과 영달에 힘을 쏟으며 자연을 즐기고 미신에 관심을 두게 되면서 청담으로 대표되는 신비주의, 과시주의, 허무주의로 변질되었다. 알맹이가 없으면서 장황하게 허세만 부리는 말과 글을 가리키는 '현학적'이라는 말이 여기서 유래했다.

도연명이 위 시에서 "책 읽기를 좋아하지만, 깊이 파고들지는 않았다."고 함도 현학이나 경학이 복잡하고 허황한 지식 탐구에 몰두한 것을 풍자한 것이다. "매번 뜻에 맞는 글이 있으면, 즐거워하여 끼니도 잊었다."라고 함도 당시의 학문이 명성을 높이는 수단이나 세속적인 교제와 출세의 도구로 사용됨을 비판한 것이다. 도연명은 당대의 주류 학문인 유학을 교육받았고, 그 자신이 쓴 시에서도 그렇게 말했다. 가령 뒤에서 볼 「음주(飮酒)」 16수에서 "젊은 날에 세상과 어울리지 못하고 / 오직 육경에서 노니는 것을 좋아하였네."라고 했다. 그러나 도연명은 당대의 금문학보다 공맹의 원시경학이라고 할 수 있는 고문학에 기울었다.

도연명이 오류선생과 같다고 한 검루는 춘추시대 사람으로 미천한 출신이며 평생 벼슬을 하지 않고 가난하게 살았다. 무희씨와 갈

천씨는 모두 중국의 상고시대 제왕들로 그들이 다스렸을 때 백성들은 사욕이 없이 태평세월을 살았다고 한다.

「구일한거」

도연명의 「구일한거(九日閑居)」를 419년 도연명의 나이 49세에 지었다고 보는 것은 도연명 사후 소통이 쓴 「도연명전」에서 그렇게 말한 것에 근거한다고 하지만(김창환2, 63쪽; 김학주, 138쪽) 앞에서도 보았듯이 도연명이 '한거'를 말할 때는 "젊어 아직 출사하지 않았을 때나, 잠시 관직을 그만두고 집에 거할 때의 생활 정취를 말하며, 만년에 농사짓던 일은 한거라고 지칭하지 않는다."는 이유에서 「구일한거」를 「오류선생전」과 같은 심정의 글로 보는 견해(첸즈시, 94쪽)가 옳다. 「한정부」도 같은 심정의 글이라고 할 수 있다. 도연명은 먼저 '서'에서 다음과 같이 말한다.

나는 한가할 때 중양절(重陽節)이라는 말을 좋아한다. 가을 국화가 뜰에 가득해 술을 마시고 싶어도 얻을 수가 없어 공연히 국화만 헛되이 바라보다 가슴의 회포를 시에 부친다.

이어 본문을 읽어보자.

생은 짧으나 시름은 늘 많고
사람들은 즐거움과 오래 살기를 바라네.
해와 달은 계절 따라 돌고
백성은 중양절이란 이름을 좋아하네.
이슬은 차가워지고 따뜻한 바람 잦아드니
공기는 맑고 하늘의 기상은 밝아지네.
제비가 떠나가 그림자조차 없고
기러기 찾아와 울음소리 끊이지 않네.
술은 온갖 시름 달래주고
국화는 늙음을 억제해주지만
어찌하랴, 오두막 선비는
기우는 세월만 우두커니 바라보네.
술잔엔 먼지 쌓이고 빈 술독이 부끄러우니
국화는 저 홀로 헛되이 피었구나.
옷깃을 여미고 홀로 한가히 노래하니
깊은 생각이 아득히 일어나네.
한가함에는 참으로 즐거움 많거늘
오래 머무른들 어찌 이룸이 없으랴.

"한가함에는 참으로 즐거움 많거늘 / 오래 머무른들 어찌 이룸이 없으랴."라는 구절은 늙어서 힘들고 괴로운 가운데 하는 말이 아니라, 젊어서 즐겁고 한가할 때 성공을 기대하면서 할 수 있는 말이다.

관직에서 물러난 도연명이 정원에 앉아 국화를 즐기고 있다.
17세기에 제작된 화첩 일부.

「영삼량」

앞에서 도연명이 자기 조상들을 예찬한 「명자」를 나는 싫어한다고 했는데, 마찬가지로 「영삼량(詠三良)」이라는 제목의 시도 나는 싫다. 왜냐하면 그것은 '세 사람의 어진 이를 노래하다.'는 뜻으로, '세 사람'이란 춘추시대 진(秦)나라 목공(穆公)이 죽자 그의 무덤에 순장한 대부 자거씨(子車氏)의 세 아들 엄식(奄息), 중항(仲行), 침호(鍼虎)를 말한다. 즉 임금과 함께 순장 당한 세 사람을 예찬하는 글이기 때문이다. 그들에 대한 시는 이미 다음과 같이 『시경』「진풍(秦風)」의 「황조(黃鳥)」로 읊어졌다.

꾀꼴꾀꼴 꾀꼬리, 가시나무에 앉았네.
누가 목공을 따라갔나? 거씨의 아들 엄식이네.
거씨의 아들 엄식이여! 백 사람보다 나았네.
무덤에 임했을 때는 무서워서 오들오들 떨었겠지,
저 푸른 하늘이여! 어찌 우리의 훌륭한 분을 죽였는가?
대속할 수만 있다면, 우리 백 사람의 몸이라도 바치겠지만.

위 시에는 순장의 부당함에 대한 비난이 있다. 꾀꼬리의 울음도 그런 불만의 소리이고, 세 사람이 죽을 때 "무서워서 오들오들 떨었겠"다는 것도 그들에 대한 동정이며, 백 사람이라도 되돌릴 수 없는 인재라는 표현도 안타까움의 표현이다. 이처럼 「황조」는 순장을 냉혹하게 비판한다. 그러나 아래에서 보듯이 도연명은 그런 비판에서 비켜서 있어서 그가 뒤에 세속적 이익을 무시하고 개인의 정신적 자유를 중시한 사상과는 멀어져 있음을 알 수 있다. 이는 도연명이 아직 아나키 유토피아에 이르지 못하고 유가적 공명 사상에 젖어 있기 때문이다.

관의 먼지를 털고 관직에 올랐으나
시운이 나를 버릴까 두려워했네.
세월 다 지나도록 힘써 일했지만
항상 공로가 적을까 염려했네.
충정의 마음 드러나니
임금께서 아끼셨지.
나서면 수레에 동행하고
들어오면 침소에서 모셨네.
드리는 간언은 모두 따르시고
올리는 의견 내친 적 없으시네.
하루아침에 임금이 돌아가시게 되자
함께 죽기를 원하셨네.
깊은 은혜 잊을 수 없고
임금의 명을 어찌 거스를까?
무덤 앞에서 주저하지 않으니
의를 위해 몸 던지길 마음으로 바랐네.

가시나무는 무덤을 뒤덮고

꾀꼬리는 구슬피 우네.

어진 이들을 되살리지 못하니

눈물이 옷깃을 적시네.

이 시는 종래 421년, 도연명이 57세 때 지은 시라는 주장(오오야 네분지로, 738쪽)이 있었으나, 초기 시라고 보는 주장도 있다. 나도 도연명이 아직 유가적 도덕주의에 젖어 있던 젊은 시절에 쓴 시라고 본다.

「영형가」

「영형가(詠荊軻)」는 '형가를 노래함'이라는 뜻의 시다. '형가는 죽었지만 그 뜻은 남아 있네.'라고 번역되기도 한다. 형가(荊軻, ?~기원전 227)는 중국 전국시대 연나라의 협객으로 시황제 영정의 암살을 시도했다가 실패한 자객으로 유명하다. 그에 관한 이야기는 사마천의 『사기』「자객 열전」과 『십팔사략』에 실려 있다.

연나라 태자 단은 무사 양성을 잘하였으니

그의 뜻은 강한 진시황에 보복함이었네.

일당백의 뛰어난 인물 불러 모으자

연말에 형가를 얻게 되었네.
군자는 지기를 위해 죽는 법
검을 들고 연나라 서울로 나섰네.
흰 말은 대로에서 울고
강개(慷慨)에 차 나를 전송하네.
씩씩한 머리털은 높은 관 떠받치고
맹렬한 기운 긴 갓끈에 부딪히네.
역수 가에서 술 마시며 전송하는데
온 좌석에 뭇 영웅 늘어섰네.
점리는 비장한 축을 치고
송의는 목청을 높여 노래하네.
쓸쓸히 슬픈 바람 불어 가고
맑은 강물에 찬 물결 일어나네.
서글픈 가락에 더욱 눈물 흐르고
맑은 음악 연주에 장사 놀라네.
분명히 알겠네, 떠나가면 돌아오지 못한다는 것을
그래도 후세에 이름은 남기리니.
수레에 오르고서 뒤돌아보지 않고
수레 지붕 날려서 진나라 궁정으로 들어가네.
힘을 떨쳐 만 리 길 넘어가고
큰길 피해 천 개의 도성 지났네.
지도가 다 펴지자 일이 절로 닥쳐와

호방한 임금도 정녕 겁에 질렸네.
아깝네, 검술이 서툴러서
기묘한 공을 끝내 이루지 못했네.
그 사람 비록 이미 세상 떠났으나
천년이 지나가도 깊은 정이 남아 있네.

이 시는 종래 도연명이 만년에 쓴 시라고 추정되었으나, 앞에서 본 「영삼량」처럼 도연명이 아직 유교적 공명 사상에 젖었던 초기에 쓴 시라고 보는 편이 옳다. 시에 나오는 고점리(高漸離)는 축(筑, 현 악기의 일종)을 잘 타던 사람으로 형가와 친하게 지냈다. 형가는 연 나라의 저자에서 술을 마시다 취하면 고점리가 켜는 축의 반주에 맞추어 저잣거리 한복판에서 노래를 불렀고 크게 통곡했는데, 그 행동은 마치 자신의 옆에 아무도 존재하지 않는 것과 같았다고 하여 「방약무인(傍若無人)」이라는 고사성어의 유래가 되었다. 형가가 진으로 떠나던 날 태자 단을 비롯해 많은 사람이 소복(상복)을 입고 역수(易水, 황하 북쪽을 흐르는 강) 부근까지 전송하러 나왔다. 모두 눈물을 흘리는 가운데 고점리는 축을 타고, 형가는 그의 심정을 노래하였다. 형가는 의지 하나로 강대국의 왕에게 맞섰던 '의사(義士)'로 명성이 높다.

4장

벼슬과 농사 사이에서 방황하다(28~40세)

'내 힘찬 젊은 날'

도연명은 젊은 날을 회상하는 시를 많이 썼다. 가령 다음의 「잡시(雜詩)」 5수를 보자.

내 젊었을 때를 생각하니
즐거운 일이 없어도 절로 기뻤네.
거칠 것 없는 포부는 사해를 달리고
날개를 펼쳐 멀리 날아가길 바랐네.
무정한 세월은 흘러만 가더니
웅비하려던 마음 점점 사라져만 갔네.
기쁨을 만나도 다시 즐겁지 않고
모든 일에 걱정만 늘어가네.

기력은 점차 떨어져 가고
날마다 이전만 못 함을 알겠네.
고단한 항로는 조금도 멈추질 않아
나를 끌어들여 쉴 수가 없네.
앞길이 얼마나 남았는가?
정박할 곳 어디인지 모르겠네.
옛사람 촌음(寸陰)을 아껴 써라 했는데
그 생각에 화들짝 두려움이 일어나네.

이 시는 414년, 도연명이 49세에 쓴 시다. 도연명은 421년, 57세 때 지은 「의고(擬古)」라는 제목의 시 8수에서도 젊은 날을 회상하여 다음과 같이 노래한다. 의고는 '고시(古詩)를 본떠서 짓다.'라는 뜻의 단어다.

젊은 날 강하고 굳세어
긴 칼 차고 홀로 천하를 떠돌았네.
내 행로가 짧았다고 누가 말하랴?
멀리 장액(張掖)에서 유주(幽州)까지 갔었네.
배고프면 수양산의 고사리 먹고
목마르면 역수(易水)의 물을 마셨네.
알아주는 사람 만나지 못하고
오직 옛날 무덤만 보았을 뿐이네.

길가 높다란 무덤은
백아(伯牙)와 장주(莊周)의 것이라네.
이런 훌륭한 사람들 다시 만나기 어려우니
내가 나가서 무엇을 찾으려는가!

'수양산의 고사리'와 '역수의 물'이란 각각 백이 숙제와 형가를 흠모하는 상징이다. 수양, 역수는 물론 장액이나 유주는 동진의 국경 밖에 있는 곳들이다.

28세에서 40세까지의 생애

도연명의 「귀거래사」 서문은 다음과 같이 40세까지 살아온 자신의 삶을 말한다.

나의 집안은 가난하여 농사를 지어도 자급자족하기에 부족하였다. 어린아이들은 집 안에 가득한데 쌀독에는 저장된 곡식이 없고, 생활에 필요한 비용을 마련할 방도도 찾지 못하였다. 친척과 벗들이 나에게 벼슬을 하라고 많이 권하기에 마음을 열어 그럴 뜻을 두기도 하였으나 구할 방도가 없었다.
마침 사방에 난리가 벌어져 제후들이 인재 아낌을 미덕으로 삼았는데, 집안 숙부께서 내가 가난하여 고생하는 것을 보고 추천하여 마침내 작은 고을에 부임하게 되었다. 당시 시국이 아직 안정되지 못해, 멀리 벼슬살이 가는 것이 께름칙하였으나, 팽택(彭澤)은 집에서 거리가 백여 리이고 공전(公田)에서 나오는 이익이 족히 술을 빚을 만하였다. 그런 까닭으로 그 자리를 구하였던 것이다.

그런데 얼마 지나지 않아 고향이 그립고 돌아가고 싶은 마음이 생겼다. 왜냐하면, 천성이 자연을 좋아하여 이는 억지로 바꿀 수 없으며, 굶주림과 추위가 비록 절박하여도 천성을 어김은 병이 되고 말기 때문이다. 일찍이 벼슬을 좇은 것은 다 먹고살기 위하여 스스로를 부린 것이었다. 이에 서글프고 한스러운 마음이 들고 평소 품었던 뜻에 깊이 부끄러웠다. 그러면서도 일 년이 되기를 기다려 의관을 챙겨 조용히 떠나려 했다. 얼마 안 되어 정씨(程氏)에게 시집간 누이가 무창(武昌)에서 죽었으므로, 서둘러 가고자 하는 마음에 스스로 그만두고 관직을 떠나게 되었다. 중추(仲秋)부터 겨울에 이르기까지 관직에 있은 지가 80여 일이다.

위에서 말하듯이 도연명은 "집안 숙부께서 내가 가난하여 고생하는 것을 보고 추천하여 마침내 작은 고을에 부임하게" 되는데 이것이 최초의 벼슬을 말하는 것인지는 알 수 없다. 여하튼 393년, 28세 때 강주의 좨주(祭酒)로 임용된 것이 최초의 벼슬이다. 그런데 숙부의 추천에 의한 임용이라고 해도 이를 부정적으로 볼 필요는 없다. 앞에서 말했듯이 위진남북조 시대의 관리임용제도는 구품중정제였다. 이는 먼저 지방의 군(郡)마다 그 군 출신 관리들 가운데서 중정(中正)이란 관리를 선정하여 군내 관리에 대한 재능과 덕행을 조사시켜 이를 1품에서 9품으로 나누고 이를 향품(鄕品)이라 했다. 한편 정부는 이 향품에 대응하기 위해 관료의 등급을 역시 1품에서 9품까지 구분하고 이를 관품(官品)이라 칭했다. 이는 가문에 구애됨이 없이 개인의 재능과 덕망에 따라 인재를 등용하고자 한 것이지만, 중정 직에 임명되는 사람은 대부분 지방의 유력자들로서, 향품을 정할 때 동료나 중앙 관료의 청탁을 받고 그들의 자제에게 유리하게 매기는 폐단이 발생하고, 결국 호족 세력이 관직을 독점하게 되었다.

도연명은 유력자의 집안 출신이 아니었으므로 교육을 담당하는 좨주라는 낮은 자리에 임용되었고, 이에 불만을 품고 열흘 만에 사직했다. 사직한 뒤 이듬해인 394년에 주부(主簿)로 초빙되지만, 역시 낮은 직급이어서 불응하고 계속 농사를 지었는데, 그때 아내가 죽었다.

이어 396년 31세에 재혼하고, 398년 33세 겨울에 강주 지사인 환현(桓玄, 369~404)의 막료(幕僚)로 나갔다. 그리고 2년 뒤인 400년에 고향에 돌아와 1년의 휴가를 보냈다. 401년 36세에 부대에 복귀하면서 지은 시가 「신축년 1월, 휴가를 마치고 강릉으로 돌아가는 밤길에(신축세칠월부가환강릉야행도구, 辛丑歲七月赴假還江陵夜行塗口)」이다.

젊은 시절에는 출세의 야망이 있었지만, 그가 받은 벼슬은 입에 풀칠하기 위한 선택에 불과했다. 도연명은 사실 출세하기에는 너무

내향적이고 고지식했다. 위에서 말했듯이 33세 때 환현의 참모직을 맡기도 했는데, 뒤에 환현이 반역을 일으켜 황제가 되고자 했기에 도연명은 자신의 결백을 주장하기 위해서 그 대부분의 벼슬이 풀칠을 위한 것이라고 주장했을지도 모른다. 그가 벼슬길에서 빨리 물러선 것 역시 당시 명망을 높이는 방편 중 하나이기도 했다.

그 뒤 겨울에 어머니가 돌아가시자 도연명은 이를 이유로 사직했다. 403년 38세 봄에 「권농」을 짓고 가을과 겨울에 「음주」 20수를 지었다. 404년 39세 때 진군참군(鎭軍參軍)이 되고, 이듬해 405년 40세 때 건위참군이 되어 상경으로 이사할 때까지 반년 정도 근무했다. 그리고 8월에 팽택현령이 되었다가 두 달 뒤인 11월에 사직했다. 네 번의 벼슬을 합쳐 2년 7~8개월 정도 근무한 셈이다.

「감사불우부」

도연명이 28세 때 주좨주를 그만두고 지은 시(첸즈시, 115쪽)인 「감사불우부」는 '선비의 불우함을 느껴' 또는 '선비의 불우함을 슬퍼하는 부'라고 번역되듯이 불우한 선비들에 대한 노래다. 이러한 불우에 대한 감개는 벼슬을 그만둔 뒤에 나올 수 있다는 이유에서인지 410년 52세에 지었다고 보는 견해(이성호, 249쪽)가 있으나, 그러한 만년에는 도리어 벼슬 자체나 입신양명에 대한 생각이 아예 없어지고, 불우를 탄식하는 것도 성공에 대한 갈구가 전제되어야 가능하다는 이유에서 도리어 초기작이라고 볼 수 있다. 먼저 서문을 읽어보자.

옛날 동중서는 「사불우부(士不遇賦)」를 짓고, 후에 사마천도 「비사불우부(悲士不遇賦)」를 지었다. 나는 일찍이 한가할 때나 학문을 토론하고 익히는 틈에 그들의 문장을 읽고 탄식하고 슬퍼하였다. 대체로 보아 신의를 지키고 충효를 잊지 않는 것은 사람의 아름다운 품행과 덕성이다. 마음이 순박하고 내심의 평정을 지키는 것은 군자의 본 모습이다. 순박한 풍습이 사라진 뒤 허위의 풍조가 성행하고, 민간에서는 깨끗하고 겸양하는 절조를 게을리하고, 조정에서는 쉽게 출세하고자 하는 마음이 나날이 범람하였다.

마음이 곧고 도에 뜻을 두는 선비 중에 젊었을 때 은거하여 벼슬을 하지 아니하고, 자신을 깨끗이 하며 고상한 절개를 지키는 사람은 평생을 헛되이 고생한다. 그래서 백이·숙제와 상산사호 모두는 "어디로 갈 것인가?"라고 탄식하고, 굴원은 "다 끝났다."라고 슬픈 목소리로 넋두리를 하였다.

정말 슬프구나! 인생 기껏해야 백 년이고, 순식간에 지나가며, 공훈과 사업을 세우는 것은 어려운데, 하나의 성(城)도 상으로 받지 못한다. 이것이 바로 옛사람들이 붓을 들어 마음의 울분을 풀며 글을 쓰다 그만두지 못했던 까닭이고, 누차 이야기하고도 그치지 못하는 이유다. 자신의 뜻을 전달할 수 있는 것은 오직 문장에 있다. 옛사람들의 서적을 어루만지며 주저하다가 깊이 느끼는 바가 있어서 이 글을 짓는다.

위 서문에서 보듯 "옛사람들이 붓을 들어 마음의 울분을 풀며 글을 쓰다 그만두지 못했"고, "자신의 뜻을 전달할 수 있는 것은 오직 문장에만 있다."라는 고백이야말로 도연명이 글을 쓰는 이유이자 그의 기본적인 문학사상이다. 이는 동시에 도연명이 살았던 시대에 유행한 현학의 허무주의에 대한 반발이며, 도연명 자신이 이상으로 삼는 선비란 백이(伯夷) 숙제(叔齊)이고 상산사호(商山四晧)이며 굴원임을 선언한 것이다.

백이와 숙제는 상나라 말기의 형제로, 끝까지 군주에게 충절을 지켰던 의인들이다. 상산사호는 한나라 초 상산에 은거해 있던 네 명의 백발노인, 즉 동원공, 각리선생, 기리계, 하황공을 말한다. 굴원도 충성을 언급할 때 귀감이 되는 인물이다.

아! 천지 만물은 자연의 기를 받아 생장하는데, 어찌하여 인간들만 유독 존귀하고 걸출한가! 정신과 지혜를 받아 빛나는 총명을 간직하여 삼정(三正)*과 오상(五常)**을 가지고 이름을 남겼네. 누구는 흙을 두드리며 스스로 만족하고, 누구는 백성을 크게 구제하였네. 숨거나 벼슬하거나 분수에 맞지 않는 적은 없고 늘 스스로 자랑스러워하고 만족하였네.

도연명은 인간이 정신과 사상을 지닌 존재로서, 하늘과 땅과 더

* 천(天)·지(地)·인(人)의 정도.
** 인(仁)·의(義)·예(禮)·지(智)·신(信).

불어 삼재를 이루고 있음을 자각했다. 또한 인의예지신이라는 오상을 따르기 때문에 만물의 영장이라고 보았다. 이는 도연명이 유교의 영향을 받은 측면이라고 할 수 있다. 그런데 도연명은 또 당시 유행했던 현학의 은거주의와 통하는 주장도 한다. 인간 중에는 벼슬을 하는 사람도 있고 은거하는 사람도 있지만, 이해득실에는 무관한 채 항상 스스로 만족한다고 하면서 유교의 출세주의와 다른 길로 가는 사람도 있다는 것이다. 이는 도연명의 인생철학이기도 하다. 그러나 도연명은 그러한 현학이 사실은 부귀영화를 추구하는 속물성을 지녔음도 비판한다.

세월이 흘러 과거가 되고, 좋은 사람과 나쁜 사람으로 나누어져 구별되었네. 조밀한 거물이 만들어지면 물고기가 놀라고, 큰 그물이 만들어지면 새가 놀란다. 현인은 먼저 깨달아 벼슬에서 도망쳐 전원으로 돌아가 밭을 갈았네. 산은 높아 선비의 그림자를 품어주고, 강은 넓어 선비의 소리를 감추어주네. 황제와 요임금을 생각하고 길게 탄식하니 흔쾌히 빈천하고 부귀영화 버리고 떠났네. 맑고 투명한 수원이 흘러 먼 곳에서 나누어지듯이 아름답고 선량한 것과 사악한 것은 결국 다른 길이네. 온갖 행위 중에서 귀한 것을 추구하면 선을 행하는 즐거움과 같은 것이 없네. 하늘이 정한 도리 받들고 성인이 남긴 책 스승 삼으며, 임금에게 충성하고 부모에게 효도하고 향리에서 신의를 행해야 하네. 성실한 마음으로 남을 대하면 존귀하지만, 거짓된 행동으로 영예를 바라서는 안 되네.

아아! 서로 같으면 맹종하고 다르면 비방하고, 자기보다 뛰어난 사람을 미워하네. 사려 깊은 사람을 멍청하다 하고, 바른말 하는 사람을 경솔하다 하네. 솔직하고 지극히 공정하며 의심하지 않아도 마지막에는 치욕스런 일 당하고 비방받네. 비록 옥과 난초 같은 훌륭한 덕을 품고 있어도 헛되이 향기롭고 깨끗하다고 누가 알아줄 것인가? 슬프다! 뛰어난 사람들 불우하니 염제(炎帝)와 제괴(帝魁)가 다스리는 세상이 아니어서네.

"서로 같으면 맹종하고 다르면 비방"한다는 말은 『장자』에 자주 나오는 말과 같다.* 이에 대해 장자는 시비를 섞어버려 포용하고 긍정하는 양행(兩行)을 강조했으나, 오늘날에도 여전히 그런 시비가 들끓고 있는 것을 보면 쉬운 일이 아닌 듯하다. 차이와 다양성을 존중하고 패거리 문화를 지양해야 극복이 가능할 텐데 말이다. 도연명은 뒤에서 보는 「음주」 6수에서도 같은 문제를 읊는다.

도연명에 의하면 순박한 시절이 가고 세상은 타락한다. 이런 시대에 현인이라면 벼슬을 마다하고 시골에서 농사를 짓는다. 그러나 세상은 그런 현인을 헐뜯기 마련이다. 뒤에 도연명이 도화원을 그리게 됨은 그런 헐뜯음이 없는 순박한 시대로 돌아가기 위해서다. 바로 염제(炎帝)와 제괴(黃帝子孫)가 다스리는 세상이다. 염제는 중국의 전설에 나오는 군주이자 중국의 삼황(三皇) 중 하나인 신농(神

---

* 「우언(寓言)」 편에서는 "나와 의견이 같으면 순응하고 나와 의견이 다르면 반대한다(與己同則應不與己同則反)."라고 하는데 같은 말이 「도척」, 「어부」 편에서도 반복된다.

農)을 말한다. 신농은 한족에게 농사짓는 방법을 알려주어 농사의 신으로 일컬어지고, 백초의 풀을 직접 맛보아서 해독하였으며, 한의학의 최초 저서로 유명한 『신농본초경(神農本草經)』*을 저술하였다고 전해지는 등 오늘날 한의학의 창시자로도 여겨진다. 그리고 제괴는 신농을 잇는 황제이다.

홀로 공경하고 수신하여 스스로 부지런하다면 하루 세 번 반성하기를 어찌 소홀히 할 수 있겠는가? 도덕을 증진하여 때를 기다리는 것을 원하지만 때가 이미 이르렀으나 순조롭지 못하네. 원앙(袁盎)이 한 무제에게 추천하지 않았더라면 장석지**는 영원히 파묻혔을 것이네. 풍당***은 늙어 관직이 낮아 가련하였으나 위상(魏尙)의 사건으로 간언하여 관직이 높아졌네. 비록 억지로 마지막에는 중용되었다고 할 수 있어도 역시 고심하며 오랜 세월을 헛되이 보냈네.

세상에 범이 없다는 것을 잘 알면서도 세 사람이 그렇다고 하면 현혹되는 법. 애통하구나, 가의****의 재주가 뛰어났으나, 비좁은 곳에서 서

---

* 중국 최초의 약물학에 관한 전문 서적으로 『본초경(本草經)』, 『본경(本經)』이라고도 불린다. 이 『본초경』은 최고(最古)의 본초서(本草書)로서 일 년 365일에 맞추어 365종의 약품을 상, 중, 하의 3품으로 나누어 각각 기미(氣味)와 약효와 이명(異名)을 서술하였다. 진한(秦漢) 시기에 발간된 것으로 보이며 일반 백성들이 오랫동안 의료 실천을 통하여 얻은 약물학 성과를 총결한 것이다. 오늘날 우리가 상용하고 있는 한방 약재의 대부분은 신농시대에 발견된 것이다.
** 전한시대 사람인 장석지(張釋之)는 법 집행이 엄격하여 황제에게 아부하지 않은 점으로 사마천에 의해 『사기』에서 큰 인물로 찬양되었다.
*** 한나라의 정치가인 풍강(馮唐)은 직언을 서슴지 않아 문제 때 운중수(雲中守) 위상(魏尙)이 억울하게 사직하였을 때 이를 지적하여 그를 사면케 하였다.
**** 가의(賈誼, 기원전 200~168)는 중국 전한 초기의 사상가로, 한 왕조의 권력을 내외로 향하여 강화하는 일에 전념했으나 33세로 죽었다.

성이는 천리마 같았네. 슬프구나, 동중서는 박학다식했으나, 여러 차례 위기를 겪다가 요행히 살아났네. 이같이 재주와 지혜가 뛰어난 사람들의 불우함을 슬퍼하니, 눈물이 그치지 아니하여 옷깃을 적시네. 옛 임금의 밝은 가르침을 계승하니 하늘의 도는 편애함이 없다 하셨네. 하늘은 하나의 표준으로 만물을 밝게 살피고 늘 선한 자를 돕고 어진 자를 보살핀다 하셨네. 그러나 백이와 숙제는 늙어서도 굶주렸고 안회는 젊어서 죽고 또한 가난하였네. 슬프게도 안회 아버지는 공자에게 수레를 달라 하여 관을 마련하려 했고, 슬프게도 백이 숙제는 고사리를 꺾어 먹고 죽었네. 비록 학문을 좋아하고 의를 행하였으나, 어찌하여 그들의 생사는 이토록 고달팠는가! 덕 있는 사람에 보답하는 것이 이런지 의심스럽고, 하늘의 도에 편애함이 없다는 말이 거짓인지 두렵네. 어찌 이 넓은 세상에 현명한 인재가 없겠냐 마는 인생길에 막힘이 없는 사람이 드무네. 그래서 옛사람들은 비분강개하며 공명(功名)을 세울 수 없음을 걱정하였네. 이광*은 어려서 종군하여 흉노를 죽인 것이 현저(顯著)하여 만호후에 봉해져도 부끄럽지 않을 공적을 세웠네. 원대한 포부는 외척 소인(위정)에게 꺾이고 마침내 작은 봉지도 받지 못하였네. 그러나 죽은 후에 진실한 신의를 남겨 많은 사람이 감동하여 슬피 울게 하였네. 왕상**은 온 힘을 다해 폐단을 개혁하려 했는데 처음에는 순조로웠으나 후에 재앙이 찾아왔네. 어찌하여

---

* 이광(李廣, ?~기원전 119)은 중국 전한의 군인으로, 문제·경제·무제 시기에 걸쳐 활약하였으며, 무용이 뛰어나 평생을 흉노와 싸워왔지만, 번번이 전공을 인정받지 못하고 분사했다.
** 왕상(王祥, 184~268)은 중국 삼국시대, 서진시대의 관료이다.

좋을 때는 쉽게 지나가고, 어찌하여 자기보다 나은 사람을 모함하는 것은 그렇게도 조급한가! 푸른 하늘은 요원하고 사람의 일은 그치지 아니하네. 어떤 것은 명백하고 어떤 것은 애매하고 어느 누가 그 이치를 헤아릴 수 있겠는가?

도연명은 선비에게는 지기(知己), 즉 자기를 알아주는 사람이 중요하다고 강조한다. 그 예가 한나라 때 사람인 장계와 풍당이다. 장석지는 오랫동안 승진하지 못하다가 원앙의 추천으로 승진했다. 풍당도 위상의 사면으로 승진했다. 그러나 그들처럼 기회를 얻은 경우는 드물었다. 가령 가의나 동중서는 자신들의 능력을 온전히 발휘하지 못했다. 그래도 그들은 요절한 백이나 가난에 굶주린 안회보다는 나았다. 한나라 때 이광과 왕상도 재능이 있었지만 뜻을 이루지 못했다. 이처럼 불우한 선비들을 보면서 도연명은 다음과 같이 결심한다.

차라리 빈궁함을 고수하여 마음을 만족스럽게 할지언정 뜻을 굽혀서 스스로를 해치지 않으리라. 이미 벼슬살이가 영광이 아닌 바에야 어찌 해어진 솜옷을 부끄러워하겠는가? 이것이 잘못된 깨달음이라도 졸박한 본성을 지키려고 하는 것이라면 기꺼이 고향으로 돌아갈 일이네. 고독한 마음을 품고 남은 생을 마칠 뿐, 비싼 값으로 조정에 파는 일을 사양하네.

이처럼 빈곤 속에서도 마음을 지키고 벼슬에 나가지 않고 귀향함은 도연명이 젊어서부터 품은 이상이었다. 물론 그런 마음이 있으면서도 그는 벼슬길에 나서기도 했다.

「권농」

도연명이 「권농(勸農)」을 403년 38세 때 지었다고 보는 견해가 있으나, 최초의 벼슬인 주좨주에 임명되었다가 돌아와서 지었다는 견해(첸즈시, 131쪽)도 있다. 농사를 지어보라고 권하는 대상은 당연히 농민이 아니라 농민보다 상위에 있는 사람들이다.

도연명은 이 시에서 "도도하게 자급자족하고, 순박하고 진실"한 삶을 추구하며 그것이 인간의 본래 삶이었고 최초 사회의 모습이었다고 말한다. 그리고 순임금도 우임금도 농사를 지었다고 하면서 『논어』 「자로」 편에서 공자의 제자 번수(樊須)가 농사일을 배우기를 청하자, 공자가 "나는 늙은 농부만 못하다."라고 답하고, 채마밭을 가꾸는 것을 배우기를 청하자 "나는 채마밭 가꾸는 늙은이만 못하다."라고 한 뒤, 번수가 나가자 공자는 "소인(小人)이구나! 번수여!"라고 외쳤다는 일화를 두고 공자를 비판한다. 농사일을 하는 것은 사대부가 아니라 소인이라는 것이 공자의 판단이다. 그러나 도연명은 번수를 두둔하고, 순임금과 우임금도 농사를 지었다고 말하

12세기 초 북송 말기의 그림으로 '귀향하는 도연명'을 묘사한 것이다.

여 공자를 비판한다. 또한 후직(后稷)*이 사람들에게 농사일을 가르친 것이 세상을 구하고 백성을 구한 구세제민의 방안이라고 한다.

멀고 먼 오랜 옛날
처음 사람이 생겨났네.
편안하게 자급자족하고
순박하고 진실하였네.
꾀와 교활함이 생겨나자
물자 공급이 어려워졌네.
누가 백성을 넉넉하게 해줄까?
실로 철인에게 의존할 뿐이네.
철인은 누구였나?
바로 후직이었네.
백성을 풍요하게 해준 것은
실로 씨 뿌리고 심는 일이었네.
순임금도 몸소 농사짓고
우임금 역시 농사지었네.
멀리 주나라 법전에도
여덟 가지 다스림의 시작이 양식이라 했네.

* 후직(后稷)은 중국 신화의 등장인물로 유우씨로부터 희성을 받았다고 한다. 『사기』에 의하면 제곡 고신씨의 정비인 강원이 거인의 발자국을 밟고 임신해서 낳았다고 한다. 유우씨 아래서 농사와 관련된 직책을 맡았다고 전해지며 중국에서는 염제 신농씨와 함께 농경의 신으로 여겨진다. 조선에서도 농사의 신으로 모셨다.

화락한 좋은 덕망,
부드러운 바람 맑고 따듯하네.
아름다운 넓은 들판,
하고많은 남녀들,
때를 좇아 다투는데
뽕 따는 아낙들은 밤중에 일어나고,
농부는 일하다가 들에서 잠들었네.
제철은 지나가기 쉽고
부드러운 비 오래가기 어려웠네.
익결은 부부가 함께 나섰고
장저와 걸닉은 나란히 밭 갈았네.
저 현명하고 통달한 인물들
여전히 밭일에 힘을 들였네.
하물며 뭇 백성들이야
옷자락 끌고 팔짱 끼고 지내겠나.
사람의 삶은 근면한 데 있으니
근면하면 모자람이 없네.
편안히 스스로 편안하게 지냈다.
한 해가 저무는데 무엇을 바랄까
곡식을 모아두지 않았네.
굶주림과 추위 번갈아 몰아닥쳐도
나 같은 무리들이야

부끄러움 품지 않을 수 있겠는가
공자는 도덕에 열중하여
번수를 비루하게 여겼네.
동중서는 거문고와 책을 즐겨
전원을 밟지도 않았네.
만약에 초연할 수 있어
고답한 길에 자취를 던진다면
감히 옷깃 여미며
덕의 아름다움 삼가 찬양하리라.

「권농」은 제자백가 중 농가의 시라고 할 수 있다. 흔적도 없이 사라진 농가가 거의 천년 뒤에 도연명을 통해 부활했다. 도연명에 따르면, 삼대 이래의 성현들 또한 이상사회를 세우려 했으나 모두 실패했다. 그 뒤 유가가 다시 사회를 구제하려고 했지만 진시황의 분서갱유로 실패하고, 진나라 이후에는 경전과 문헌을 지키는 유생들밖에 없었다. 그런 도연명이 꿈꾸는 도화원은 상고시대의 순수에 대한 갈망이었다. 그런 순수한 사람들이 진시황 시대에도 있었고, 그들이 도화원에 숨었다고 도연명은 생각했다.

「경자년 오월, 도읍에서 돌아오다 규림에서 험한 바람을 만나다」

400년, 35세 도연명은 「경자세오월중중도환조품어규림(庚子歲五月中從都還阻風於規林)」, 즉 「경자년 오월, 도읍에서 돌아오다 규림에서 험한 바람을 만나다」를 지었다. 규림(規林)은 지금의 안휘성(安徽省) 숙송현(宿松縣)이다. 이 시의 제목만 보면 도연명이 환현의 주부로 도읍에 다녀오던 중에 지은 것으로, 집에 빨리 가지 못하는 안타까움을 노래한 것(이치수, 131쪽)처럼 보인다. 그러나 내용을 보면, 그는 도읍까지 천 리 길을 왕복한 노고를 인정받아 휴가를 얻었고, 2년 만에 고향으로 돌아가는 길에 배 안에서 이 시를 쓴 것임을 알 수 있다.

앞에서 우리는 시인이 끊임없이 벼슬에 대해 회의하며 고향에 돌아가고자 하는 마음을 보았다. 따라서 2년 만에 가게 된 귀향길은 그에게는 너무나 감격스러웠을 것이다. 시인은 건강(健康, 지금의 난징(南京))에서 출발해 매일 고향에 닿을 날짜를 센다. 그리고 오랜만에 어머니와 형제들을 만날 생각에 가슴이 뛴다. 그래서 배가 왜 이렇게 느리냐고 성화를 부린다. 그나마 당시 여행에서 흔히 만나는 도적도, 암초도 만나지 않는다. 1수부터 읽어보자.

걷고 또 걸어 돌아가는 길 따라
고향 집 그리며 날짜를 헤아리네.

제일 기쁘기는 어머니 모심이요
다음 기쁨은 형제들 만남이네.
노 저어 굽은 물길 잡아가는데
어느덧 해는 서산으로 넘어가네.
강산이 어찌 험하지 않으랴만
나그네는 앞길만 염려하네.
남풍은 내 마음 저버리고
노 거두고 길 막힌 호수에 기다렸네.
높다란 풀 까마득히 끝없고
여름 나무만 울창하네.
나그네 배, 고향이 멀다고 누가 말하는가.
백 리 남짓 가까워졌네.
눈 치뜨니 남쪽 언덕도 알겠는데
어떻게 갈까 부질없이 탄식하네.

시인이 고향에 돌아가고 싶은 간절한 마음과 풍랑을 만나 규림에 든 일을 노래한 1수에 이어 2수에서는 풍랑으로 길어지는 귀향길을 한탄하면서 자신의 벼슬에 대해서도 개탄하며 '마음을 따라야 한다.'고 자신의 귀향 결심을 다잡는다.

자고로 나그넷길 탄식했거늘
이제야 비로소 알게 되었네.

산천은 어찌 그리 넓기만 하고
바람과 물은 예측하기 어렵네.
무너지는 물결은 하늘 무너지듯 울고
거센 바람은 멎을 때 없네.
오래 나다녀 고향이 그리운데
어찌 이곳에 떨어져 있는가?
아름다운 전원과 수풀 조용히 생각하니
인간 세상은 본래 떠나야 하는 것.
한창나이는 얼마 남지도 않았으니
마음을 따라야지 또 무엇을 의심하랴.

「정운」

휴가 1년 동안 도연명은 「정운(停雲)」을 썼다. 그러니까 35세나 36세 때다. 반면 40세 때 지었다고 보는 견해도 있다.(김창환2, 15쪽) 정운이란 먹구름을 말한다. '먹장구름', '자욱한 구름', '멈추어 선 구름' 등으로도 번역된다. 이 시는 4개의 장으로 이루어진다. 그런데 1장과 2장은 내용이 거의 같아서 왜 이렇게 반복할까, 라는 의문이 생기기 마련이다. 우선 읽어보자.

뭉게뭉게 구름 모이더니

부슬부슬 봄비 내리네.
세상이 온통 어두컴컴하고
평탄한 길이 막혀버렸네.
조용히 동쪽 처마 밑에 앉아
봄 술을 혼자 마시네.
좋은 친구 아득히 멀리 있어
머리 긁적이며 한동안 서성이네.
구름이 뭉게뭉게 모이더니
봄비가 부슬부슬 내리네.
세상이 온통 어두컴컴하고
평탄하던 땅 강이 되었네.
술이로다, 술뿐이로다.
동쪽 창가에서 한가로이 술을 마시네.
친구를 생각하며 그리워해도
배도 수레로도 갈 수가 없네.

뭉게구름과 봄비가 반복해 나와 부드러움을 주더니 별안간 세상이 어두워지고 길이 막히고 강으로 변한다. 그리고 술을 마시면서 친구를 그리워한다. 여기서 세상이 어두워짐은 당시 손은(孫恩, ?~402)이 일으킨 반란을 뜻한다. 위 시를 도연명이 404년 39세 때에 지었다고 보는 견해는 404년에 유유가 환헌을 쫓아낸 사건을 도연명이 세상이 어두워짐으로 표현했다고 이해하기 때문이었을 터다.

> 동쪽 정원의 나무들
> 가지가 무성하네.
> 봄나무 다투듯 피어올라
> 내 마음 기쁘게 하네.
> 사람들은 말하지.
> 세월은 쉬지 않고 흘러간다고.
> 언제 우리 가까이 앉아
> 평생의 이야기를 나눌까?
> 훨훨 날던 새
> 내 뜰 나무에서 쉬고 있네.
> 날개를 거둔 채 한가히 앉아
> 고운 소리로 서로 화답하네.
> 어찌 다른 사람 없으랴마는
> 그대 실로 많이 그리워한다네.
> 그리워도 만날 수 없으니
> 한스러움 어찌하겠는가!

3, 4장에서도 시인은 친구를 그리워하지만, 배경은 밝게 바뀌었다. 그러나 세월의 흐름 속에서 '평생의 이야기'를 하고자 한다. 그것은 시골로 돌아가려는 평생의 염원이다.

「시운」

앞 시를 짓고 얼마 안 되어 시인은 다시 「시운(時運)」, 즉 '계절의 운행'을 짓는다. 앞 시와 같이 35, 36세에 지은 것이지만, 40세에 지었다고 보는 견해(김창환, 19쪽)도 있다.

성큼성큼 계절은 흘러가고
온화한 아침 햇살 비춰네.
나는 봄옷을 걸쳐 입고
동쪽 들판으로 나가네.
산에는 남은 구름 씻기이고
하늘에는 엷은 구름 희미하네.
바람은 남쪽에서 불어와
새싹들을 나래처럼 감싸네.
넓고 넓은 호수
내 마음 씻어주네.
아득히 먼 곳
기쁘게 바라보네.
마음 흡족해 말하니
누구나 만족은 쉽다네.
한 잔 술 들이키니
거나하여 스스로 즐거워하네.

시인은 "누구나 만족은 쉽다."고 하며 "한잔 술을 즐거워한다."고 노래한다. 어떤 불만도 없이 한잔 술로 만족한다는 것이다. 그것은 다음 장에 나오는 공자와 그 제자들 이야기에서도 볼 수 있다.

> 호수에 눈길 보내며
> 아득히 맑은 기수 생각하네.
> 모자 쓴 학동들 공부 마치고
> 한가롭게 노래하며 돌아오겠네.
> 나는 이처럼 고요한 생활을 좋아해
> 자나 깨나 그리워하네.
> 다만 한스럽기는 시대가 달라
> 먼 옛날을 좇아갈 수 없음이네.

기수(沂水)는 산동성(山東省)에서 발원하여 사수(泗水)로 흘러 들어가는 강으로, 공자가 사수 가에서 제자들을 가르쳤기 때문에 사수를 공문(孔門)의 발상지로 여긴다. 그곳에서 공자가 여러 제자에게 자신들의 뜻을 말하게 하자 다른 제자들이 모두 정치적 포부를 말한 것과 달리, 증석(曾晳)이라는 제자는 "늦봄에 봄옷이 이미 이루어지면 관(冠)을 쓴 어른 5~6명과 동자(童子) 6~7명과 함께 기수에서 목욕하고 무우(舞雩)에서 바람 쐬고 노래하면서 돌아오겠습니다."라고 했다. 도연명은 그것을 언급하며 증석을 향한 그리움을 내비친 것이다.*

아침이나 저녁이나
내 오두막에 깃들여 사네.
꽃과 약초가 줄지어 있고
숲의 대나무 그늘을 드리우네.
거문고는 평상 위에 가로놓여 있고
탁주는 반병 남았네.
황제(黃帝)와 당뇨(唐堯) 시대에 미칠 수 없어
나 홀로 슬퍼하네.

시인은 시의 마지막 장에서 '오두막', '꽃과 약초', '대나무와 거문고', '탁주 반병'의 삶을 선택하고 그것이 자신에게는 최고의 행복이라고 노래한다. 그러나 그 장의 마지막에서 그 행복은 자신의 주관에 불과하고 객관적인 시대는 아님을 알기에 슬퍼한다. 도리어 시대는 그 어떤 시대보다 참담했다.

* 『논어(論語)』「선진(先進) 25」에 나온다.

「영목」

 1년의 휴가가 다 끝나갈 무렵 도연명은 「영목(榮木)」을 쓴다. 이 시의 마지막 장에서 "마흔에도 명성을 얻지 못하면"이라는 구절을 이유로 이 시가 마흔 살에 쓰였다고 보는 견해가 있지만, 이는 마흔이 되기 전에 노력하라고 스스로에게 다짐하는 것이지 지금 마흔 살이라고 말하는 것이 아니다. 이는 시인이 서문에서 "「영목」, 장차 늙어감을 생각한다. 일월(日月)이 바뀌고 세월이 흘러, 또다시 여름이다. 총각 시절에 도를 들었으나, 흰 머리가 되어도 이룬 것이 없다."고 한 것으로도 알 수 있다. 그러니 늙음의 도래에 대한 막연한 두려움이 아니다. 아무런 성취 없이 덧없이 늙는 것이 안타까울 뿐이다. 아래에서 보듯이 시의 취지는 개탄이 아니라 적극적으로 삶을 살라고 하는 굳은 의지의 표현이다.

무성한 무궁화는
여기에 뿌리를 내렸네.
새벽에 꽃잎 반짝이더니
저녁 되자 사라졌네.
인생도 잠시 맡겨진 듯하니
때가 되면 시든다네.
조용히 깊이 생각하니
마음엔 슬픔이 차오르네.

무성한 무궁화는
여기에 뿌리를 맡겼네.
무성한 꽃잎 아침에 피더니
슬퍼라, 저녁에는 자취도 없네.
정절과 비겁은 사람에 달려 있고
화와 복은 문이 따로 없다네.
도(道)가 아닌데 어찌 의탁하고
선(善)이 아닌데 어찌 힘쓰랴?
어이! 나 어리석은 놈,
천성이 고집 세고 구차하네.
지나간 세월은 물처럼 흘러가고
덕은 예전보다 늘지 않았네.
도와 선에 뜻을 두고 게을리하지 않았으나
이제는 술 취한 날에 익숙해졌네.
나의 마음
괴로워 자책하네!
옛사람이 남긴 뜻을
내 어찌 버릴 건가?
마흔에도 명성을 얻지 못하면
두려워할 필요 없다 했네.
내 수레에 기름칠하고
내 말에 채찍질해주오.

천 리가 멀다지만

뉘라서 가지 않으리!

제1장에서 시인은 늙음이 곧 다가옴을 생각한다. 인생이 더부살이 같다고 개탄하면서 마음속에서 해방감을 느낀다. 이어 제2장에서는 삶이 순간임을 알면서도 주체적으로 도와 선이라는 가치를 굳게 지켜야 한다고 다짐한다. 여기서 그 '가치'를 유가의 그것으로 보는 견해(첸즈시, 181쪽)가 있지만, 도연명이 유가와 함께 도가를 높이 평가하고, 농가에 대해서도 기본적인 믿음을 가지고 있음을 고려하면 그런 견해에 의문이 생긴다. 제3장에서는 자기가 노력하지 못한 바를 책망하고, 제4장에서는 옛사람의 훈계를 잊지 않고 마음에 새긴다고 노래한다.

「신축년 1월, 휴가를 마치고 강릉으로 돌아가는 밤길에」

이 시의 원제는 「신축세칠월부가환강릉야행도구(辛丑歲七月赴假還江陵夜行塗口)」이고, 401년 36세에 지었다. 그런데 시의 첫 구절에 "한가롭게 살아온 30년"이라는 말이 나온다. 이는 환현의 막부에 들어가기 전 '한가롭게 살아온' 30년을 말한다. 위에서 보았듯이 그는 그 앞에 좨주를 잠시 한 적이 있지만, 도연명은 그것을 정식 벼슬로 여기지 않았다.

제목의 '부가(赴假)'란 휴가를 마치고 강릉에 있는 관부로 돌아와 환현의 막부에 보고했음을 뜻하고, '야행도구(夜行塗口)'란 밤에 도구를 지났다는 것이다. 도구는 지금 호북성(湖北省) 경내에 있다.

한가롭게 살아온 30년
세상과 떨어져 살았네.
시서(詩書)에 늘 심취해
숲속엔 속된 정이 없네.
어찌 이를 버리고 떠나
멀리 서쪽 형주까지 갔나?
초가을 달빛 아래 노 두드리다
물가에 이르러 벗과 이별하네.
서늘한 바람이 저무는 해 따라 이니
밤 풍경 고요하고 투명하네.
밝고 환한 하늘은 드넓고
강물은 더없이 잔잔하네.
할 일 생각하니 잠잘 겨를도 없어
밤중에도 홀로 먼 길을 가네.
출세는 내 뜻이 아니기에
전처럼 아내와 밭을 갈라 하네.
관모 벗어 던지고 옛집으로 돌아가
고관대작과 부귀영화 탐내지 않고

문 닫고 오두막에서 참된 마음 길러

내 이름 선하게 전해지길 바라네.

위 시의 마지막에서 "고관대작과 부귀영화 탐내지 않고"라는 구절을 보면 도연명이 환현의 신뢰를 받아 그렇게 출세할 가능성이 있었음을 보여준다. 특히 환현의 역모가 성공했더라면 그렇게 되었을 가능성은 더욱 커진다. 그러나 역모 전이든 후든, 도연명이 환현 밑에서 출세한다는 것은 있을 수 없는 일이었다. 마지막 구절에서 자기는 전원으로 돌아가야 한다는 의사를 명확하게 되풀이한 것 역시 그러한 연유다.

「처음으로 진군의 참군이 되어」

35세 때 도연명은 휴가를 얻어 2년 만에 귀향하여 1년 정도 머물렀다. 휴가 1년 동안 도연명은 「정운」을 썼다. 그러나 당시까지는 영원한 귀향에 관한 생각이 확고하지 않았다. 그때 쓴 시가 위에서 본 「경자년 오월, 도읍에서 돌아오다 규림에서 험한 바람을 만나다」였고, 휴가에서 복귀하며 36세 때 쓴 시가 「신축년 1월, 휴가를 마치고 강릉으로 돌아가는 밤길에」였다. 앞 시와 달리 뒤의 시에서는 영원한 귀향에 대한 의지가 더 분명하게 나타난다. 이는 환현의 반역이 실행되었기 때문이다. 그때 어머니가 죽었다는 전갈이 왔다.

도연명은 바로 사직했다. 그 뒤 환현은 반역에 성공했으나 유유 등에 의해 곧 토벌되었다.

　유유는 강주도독으로 있으면서 도연명을 진군참군(鎭軍參軍)에 임명했다. 도연명은 임명에 응했다. 그 자리를 마다한다면 환현을 그리워한다는 의심을 받을 수 있었기 때문이다. 어쩌면 도연명 자신이 마지막 출셋길로 선택했을지도 모른다. 그는 전원으로 돌아가야 한다고 생각하면서도 출셋길에 대한 유혹에 빠져들었다. 그래서 404년, 40세에 지은 시 「처음으로 진군의 참군이 되어(시작진군참군경곡아始作鎭軍參軍經曲阿)」에서 "시운이 찾아와 우연히 만나 / 말고삐 돌려 넓고 큰길에 접어들었네."라고 노래한다. 곡아는 현재의 장쑤(江蘇)성 단양에 있다.

　참군(參軍)이란 막료 업무로 일정한 직책과 보수가 없는 한직(閑職)이었다. 고정적인 직책이나 실권이 없었고, 약간의 급료를 받았을 뿐이어서 도연명은 여전히 가난했다. 도연명은 환현, 유유, 유경선 등의 막부에서 일했지만, 그들을 예찬하는 글을 쓰지는 않았다.

　도연명이 참군이 되었어도 이 시를 통해 볼 때 한거자적(閑居自適), 즉 한가롭게 지내며 평화롭게 지내는 전원의 체취는 조금도 잃지 않고 있음을 알 수 있다. 이 말보다 우리에게 더 친숙한 비슷한 말은 유유자적(悠悠自適)이다. 이 시를 지은 때는 강릉으로 참군이 되어 부임하는 길이라고도 한다. 여하튼 시서(詩書)와 원림(園林)으로 자적하던 생활을 벗어나 지금은 멀리 강릉으로 벗을 이별하고 떠나왔지만, 자연을 즐기는 그의 취향은 여전하다. 여전히 농사나

짓고 소박하게 살아가야 한다고 생각할 뿐, 큰 벼슬을 할 뜻은 전혀 보이지 않는다.

어린 나이부터 세상사 밖에 뜻을 두어
마음에 편한 것은 거문고와 책이었네.
허름한 옷 걸치고도 스스로 만족하고
자주 끼니를 걸러도 언제나 편하였네.
시운이 찾아와 우연히 만나
말고삐 돌려 넓고 큰길에 접어들었네.
책 던지고 새벽길 채비시켜
잠시 전원과 멀어졌네.
외로운 배처럼 아득히 떠나가며
돌아갈 생각에 끊임없이 휩싸였네.
떠도는 길 어찌 멀지 않으랴만
오르고 건너는 길 천 리가 넘었네.
눈은 달라지는 강과 길에 낯설고
마음은 고향 산천 생각하네.
구름 바라보면 높이 나는 새에 부끄럽고
물가에 오면 노니는 물고기에 부끄럽네.
참된 생각 처음처럼 가슴에 간직하니
몸이 얽매인다고 누가 말했나.
잠시 자연의 흐름에 맡기다가

결국엔 내 살던 오두막으로 돌아가리.

최초의 농시

도연명이 쓴 최초의 농시는 403년 38세에 지은 「계묘년 촌집에서 옛날을 생각하며」*다. 원제는 '계묘세시춘회고전사(癸卯歲始春懷古田舍)'다. 앞에서 보았듯이 도연명은 35세부터 상현의 주부에서 일했는데, 37세에 모친상을 당해 귀향하면서 농사를 짓게 된다. 그 이듬해에 쓴 시가 바로 이 시다. 여기서 옛날이란 1수에 나오는 공자의 제자인 안회와 2수에 나오는 공자의 옛일을 말한다. 도연명은 1수에서는 가난한 안회와 자신을 동일시하면서도, 2수에서는 공자에 대해서 거리를 둔다. 즉 공자가 가난이 아니라 도를 걱정하라고 했지만, 자신은 오래 농사를 짓겠다고 결심하는 것이다.

예전에 남쪽 밭에 대해 듣긴 했어도,
그때는 농사를 지어보지 못했네.
가난하기로는 안회와 같은 사람도 있었지만
봄이 오니 어찌 밭갈이를 피할 수 있으랴?
이른 아침 수레에 짐을 싣고

---

* '계묘년에 회고전사에서 봄 밭갈이를 시작하며(이성호, 182쪽)'라고도 번역하는데 이상하다.

길 떠나니 마음은 벌써 저 멀리 향하네.

새들은 지저귀며 새봄을 기뻐하고

시원한 바람은 넉넉한 선심을 베푸네.

황폐한 땅은 찬 풀에 뒤덮여 있고

밭은 얼어 인적이 드무네.

그래서 지팡이 꽂고 김매던 노인네

유유자적하여 다시는 세속에 돌아가지 않았네.

도리를 따짐은 박식한 이들에게 부끄럽지만

절조를 보전함이 어찌 천박하다 하겠는가?

도연명은 공자의 수많은 제자 중에서도 안회를 특히 좋아하여 시에서 여러 번 언급했다. 위 시에서 언급한 안회 이야기는 공자가 『논어』「선진(先秦)」편에서 "안회는 도(道)에 가까웠지만 자주 쌀독이 비었다."라고 한 말에서 나왔다. 공자는 안빈낙도(安貧樂道)하는 안연에 대해 칭찬은 하면서도 그러한 가난을 애석해하고 좋게 보지 않았다. 노인네 이야기도 『논어』「미자(微子)」편에서 "자로가 공자를 따라가다가 뒤처졌는데, 지팡이에 삼태기를 걸머진 노인을 만났다. 자로가 물었다. '우리 스승님을 보셨습니까?' 그 노인이 말했다. '손발을 움직여 일하지 않고, 오곡도 분간치 못하는 사람을 어찌 스승이라 하겠느냐?' 노인은 지팡이를 땅에 꽂은 채 김을 매었다."라는 에피소드에서 나왔다. 공자는 자신을 비판하는 식장옹(植丈翁) 은자가 높은 식견을 가지고도 숨어 사는 것을 지식인의 책임을 저버린 행위로 보았으나 도연명은 그러한 공자의 견해에 동의하지 않았다.

2수는 다음과 같다.

공자께서 남기신 가르침에
도를 걱정하되 가난은 걱정 마라셨네.
우러러보아도 아득하고 도달하기 어려워
생각 바꿔 길이 농사에 힘써볼까 하네.
쟁기 잡고 때맞춰 즐겁게 농사짓고
웃음 띤 얼굴로 농부들을 격려하네.
평탄한 넓은 밭에는 멀리서 바람 불어오고
좋은 싹들도 새로운 생기 품고 있네.
올해 수확은 아직 알 수 없으나
눈앞의 농사일에 즐거움이 한량없네.
밭 갈고 씨 뿌리며 때때로 쉬어도
나루터 묻는 나그네도 없네.
해가 지면 함께 돌아와
술병 들고 이웃을 위로하네.
사립문 닫으며 길게 읊조리니
그럭저럭 농부가 된 것 같네.

"도(道)를 걱정하되 가난은 걱정 마라."는 말은 『논어』 「위령공

(衛靈公)」 편에 나온다. 나그네 이야기는 『논어』 「미자」 편에 나오는 위의 노인 이야기 앞에 나온다. "장저와 걸익이 함께 밭 갈고 있었을 때, 공부자가 지나가다가 자로를 시켜 나루를 묻게 했다. 장저가 말하기를, '수레고삐를 잡은 자가 누구냐.'라고 했다. 자로가 '공구입니다.'라고 답하자, '이 사람이 바로 노의 공구냐.' 이에 '네 그렇습니다.'라는 자로의 답을 듣자 장저는 '그가 나루를 알 것이다.'라고 했다." 공자가 나루를 알 것이라고 답한 장저의 말은 천하를 주류한 공자인데 나루를 모를 리 없다는 식으로 공자를 비꼰 말이다.

행려시

도연명은 진군참군에 부임하면서 「잡시(雜詩)」 9, 10, 11수를 썼다. 잡시 12수는 한 번에 지은 것이 아니다. 9, 10, 11수의 행려시(行旅詩)는 만년에 과거를 회상하여 지은 다른 시들과 달리 401년 36세 때 지은 것이다. 405년, 도연명이 강주지사 유경선의 건위장군이 되었을 때 도성에 사신으로 가서 쓴 시가 「을사년 사월 건위참군이 되어 도읍에 사자로 가다」로 원제는 「을사세삼월위건위참군사도경전계(乙巳歲三月爲建威參軍使都經錢溪)」이다. 그 뒤에 도연명은 '영원한 귀향'을 선택한다. 세 편의 행려시는 공통점을 보이는데, 여기서는 마지막 11수만 읽어보도록 하자.

나 떠난 지 오래지 않았으나
되돌아보니 참담한 바람에 슬퍼지네.
봄철이라 제비는 철을 알고 돌아와
높이 날아 대들보를 스치니 흙먼지 이네.
변방 기러기 쉴 데 없어 슬퍼하고
하나씩 북쪽 고향으로 돌아가네.
무리 잃은 황새는 못가에서 울며
더위 지내고 가을 서리 맞고 있네.
시름겨운 사람 마음 말로 하기 어려워
아득히 봄밤만 길구나.

이제 「을사년 사월 건위참군이 되어 도읍에 사자로 가다」를 읽어 보자. 이 시를 마지막으로 도연명은 영원히 전원으로 돌아간다. 그러니 위 시는 벼슬길의 마지막 시인 셈이다.

내가 이 땅을 밟지 않은 지
세월은 이미 오래되었네.
조석으로 산천을 바라보니
모두 옛날과 같아 또렷하네.
가랑비는 키 큰 숲을 씻고
맑고 빠른 바람은
하늘의 구름까지 닿겠네.

삼라만상이 여전한 걸 보니
온화한 바람이 닿지 않는 곳 없네.
나는 무엇 때문에
애써 이 일에 종사하는가?
이 한 몸 얽매여 있어도
마음속 본성은 바꾸지 못하네.
날마다 꿈에 그리는 전원
어찌 오래 떨어져 있는가?
계곡의 배처럼 급한 세월 생각하며
진실로 서리 내린 측백나무의 절개를 따르리라.

앞에서 보았듯이 그의 행려시는 모순의 시들이다. 벼슬길과 전원길 사이에서 방황하는 마음을 표현했기 때문이다. 이러한 모순이나 방황은 그가 앞으로 20년, 확고하게 전원생활을 하는 데 꼭 필요하다. 이 같은 사회생활의 경험을 총합한 고뇌 덕분에 도연명은 자연과 전원의 가치를 발견할 수 있었다. 어떤 가치의 발견은 추상적 상상으로 되는 것이 아니다. 구체적인 경험을 통해서만 가능하다. 따라서 도연명의 전원길은 금수저 출신이 책을 읽거나 상상을 통해서 자연을 찾은 것과는 차원이 다르다.

도연명의 마지막 벼슬은 팽택령이었다. 벼슬과 전원 사이의 마지막 방황이었다. 생계에 대한 고려도 있었지만, 그것이 전부는 아니었다. 물론 과거의 벼슬에 비해 현령의 수입은 컸고, 그 또한 중요한 점일 수 있다. 현령이 되고자 제후와 숙부에게 간청했던 배경이기도 할 터다. 우리는 이 점을 문제 삼을 필요가 없다. 생계를 위한 벼슬은 비도덕적인 일이 아니지 않은가. 그러나 도연명은 80일 만에 그 자리를 박찼다. 그가 막료로 있을 때와 달리 주현의 벼슬자리가 속물적이었다는 점도 여러 이유 중 하나이겠지만, 더 근본적인 원인은 그가 결국 벼슬길을 자신의 길이 아니라고 판단했기 때문일 터다.

5장

농사꾼 아나키스트 출발(41~43세)

도연명은 어지러운 시대를 산 가난한 시골 출신의 사대부였다. 28세에 벼슬을 시작하였으나 13년간 네 번이나 그만두고 다섯 번째에는 석 달 만에 사직하고, 40세였던 405년 12월에 고향으로 돌아가 고향 집에서 잠깐 살다가 이듬해 초 시골로 이사해 농사를 지으면서 21년을 살았다. 41세부터 62세까지다. 당시 41세는 노인에 속했다. 그러니 41세에 세속에서의 출세를 포기하고 당시 낮은 계층인 백성들과 함께 농사를 지으며 산 것이다. 그때는 누구나 농사를 지었으니 도연명의 농사도 대수롭지 않게 생각할 수 있다. 그러나 당시 사대부가 벼슬을 포기하고 시골에서 농사를 짓는다는 것은 대단히 큰 사건이었다. 장웨이는 『도연명의 유산』에서 다음과 같이 말한다.

도연명이 그러한 사람과 가장 다른 점은 진정으로 한구석으로 물러나서 노동하고 자기 힘으로 생활할 수 있었다는 점이다. 이는 보기엔 가장 간단하고 기본적인 선택인 것 같지만, 실제로는 가장 난도가 높다. 당시의 지식층 가운데 이렇게 실행한 사람이 없었고, 최소한 기록도 많지 않았기 때문에, 도연명도 특이하게 보여 후세 사람들이 그를 '은사'로 명명하기까지 이르렀다. 이것은 도연명이 위진시대에 살아간 길이 간단하여 실행하기 쉬운 것처럼 보이지만, 실제로는 일종의 '발명'임을 충분히 설명한다.(장웨이, 74쪽)

도연명이 위진시대에 농사꾼으로 살아간 것이 어려운 길이 아니라 쉬운 길을 택한 것처럼 보이지만 사실은 남들이 가지 않은 전혀 새로운 길을 개척한 것임을 '발명'이라는 단어로 표현했다. '발명'은 도연명이 처음으로 시작했다는 뜻에서 쓴 말일 터다. 따라서 도연명을 '은사(隱士)'의 한 사람으로 보는 점이 나는 불만이다.

농사와 농시의 변화

당시 대다수 사람은 도연명이 시골에 파묻히는 이유를 이해하지 못했다. 그런 몰이해는 지금도 마찬가지다. 내가 시골에 간다고 했을 때 모두 말렸다. 늙을수록 도시에, 그것도 아파트에 살아야 한다고 했다. 도연명의 경우에도 「종제 경원의 제문」을 보면 경원만이 그를 이해했음을 알 수 있다. 사촌 동생인 경원은 30세(411년)에 죽었는데 어려서부터 도연명과 마음이 통했고, 도연명이 "채찍을 거두고 돌아왔을 때 너는 내 뜻을 알아 항상 내 손을 이끌고 은거하여 저 세속의 논의에 마음 쓰지 않기를 바랐다."라고 제문에 썼다. 그리고 제문에 의하면 "그는 머나먼 신선의 땅, 기이함을 좋아하는 그의 마음을 격동시켜 곡기를 끊고 집안의 자잘한 일들을 내버려둔 채 산의 북쪽에 은거"하였다.

당시 사족들은 모두 성읍에 살았고, 농민 백성들만 시골에 살았다. 지금 대부분이 도시에서 살듯이. 도연명도 관직에 있을 때는 성읍에 살았다. 조상들도 성읍에 살았다. 그러니 집도 성읍에 있었다. 사족의 은거란 성읍의 집을 떠나 시골에 사는 것을 뜻했다. 관직에 있는 사족들은 그들끼리 교제했다. 그러나 전원에서는 그런 교제가 불가능하니 갈 수가 없었다.

여하튼 농막에 거주한 초기의 전원생활은 즐거웠다. 뒤에서 보는 「귀원전거」 5수는 그런 심경을 표현한다. 특히 1수는 거의 도화원과 마찬가지로 즐거움에 젖었음을 보여준다. 2수도 전원의 한가로움을 노래한다.

「귀거래사」

도연명이 시골에 들어와 농사를 시작하고 반년 뒤 자신이 살아온 길을 돌아보며 다시는 정치에 나서지 않겠다는 노년의 자각이자 결의를 쓴 시가「귀거래사(歸去來辭)」다.

　　자, 돌아가자
　　전원이 메말라 가는데 어찌 돌아가지 않으리
　　마음을 몸의 노예로 만들고
　　어찌 슬퍼하여 서러워만 할 것인가.
　　지난 일은 탓해야 소용없고
　　앞으로 바른길 좇는 것이 옳다.
　　길을 잃었으나 그리 멀리 가지는 않았으니
　　지난날은 그릇되고 지금이 옳음을 깨달았네.

　마음을 몸의 노예로 만들고 길을 잃었다는 것은 벼슬을 하면서 마음이 죽었음을 말한다. 그것이 그릇된 것이고 '귀거래'하는 지금이 바르고 옳다고 말한다.

　　배는 유유히 흔들거리고
　　바람은 가볍게 옷깃을 날리는데
　　나그네에게 고향길을 물으며
　　새벽빛이 희미함을 한스러워한다.
　　저 멀리 우리 집 대문과 처마가 보이자
　　기쁜 마음에 급히 달음질친다.
　　아이 종은 기쁘게 맞이하고

어린 자식은 문 앞에서 기다린다.

시인은 마침내 고향에 도착한다.

세 갈래 길은 황폐해졌으나
소나무와 국화는 아직도 꿋꿋하다.
아이를 끌고 방으로 들어가니
술이 술동이에 가득하구나
술병과 술잔을 들고 스스로 잔을 쳐서
뜰의 나뭇가지 바라보며 웃는다.
남쪽 창에 기대어 의기양양하니
작은 집이지만 편안한 곳이다.
정원을 날마다 걷다 보면 즐거운 정취 생겨나고
문은 달아놓았지만 늘 닫혀 있다.

고향에서 그는 자연을 바라보지만 문은 닫아걸고 사람들을 만나지 않는다. 이는 그동안의 벼슬로 인해 사람들에게 상처받은 바가 크기 때문이다. 시를 통해서는 그 내용을 알 수 없지만, 벼슬 생활은 그에게 고통이었을 것이다. 그러나 이제 시골에 와서 자연에 의해 치유된다.

지팡이에 늙은 몸 의지하여 거닐다가 쉬며

때로 고개 들어 멀리 바라본다.
구름은 무심히 산을 넘고
새는 지쳐 둥지로 돌아온다.
해가 뉘엿뉘엿 지려는데
외로운 소나무를 어루만지며 서성인다.

그리고 다시 크게 외친다. "돌아가자!"

돌아가자!
모든 사귐 그쳐 어울리지 않고
세상과 내가 서로 가는 길 다르니
어찌 다시 벼슬길 구하겠는가?
이웃과 정다운 이야기로 기뻐하고
거문고와 책을 즐겨 시름을 달래고
농부가 봄이 이르렀음을 알리니
이제 서쪽 밭에 나가 땅을 갈아야지.

　　시인은 자신이 세상과 다름을 안다. 그러니 벼슬이 아니라 시골 사람들과 사귀고 책과 거문고로 살며 농사를 짓는 본래의 삶을 택한다.

작은 수레를 부르거나

작은 배를 저어

깊은 골짜기 시냇물을 찾고

험한 산을 넘어 언덕을 지난다.

나무들은 싱그럽게 우거지려 하고

시냇물은 조금씩 흘러 물줄기를 이룬다.

만물이 때를 얻음을 부러워하고

내 삶은 끝나가는구나.

모든 것이 끝난다.

시인의 사생관은 분명하다. 앞에서 「자제문」을 통해 보았듯이 죽음으로 모든 것은 끝난다. 죽음 이후에는 아무것도 없다. 그것이 자연의 이치이고 도의 뜻이다.

세상에 남아 있을 날이 얼마 없으니

마음 내키는 대로 살자.

애를 써서 무엇을 할 것인가?

돈도 지위도 바라지 않고

천국에 대한 기대도 없다.

맑은 날 혼자 거닐고

지팡이 세워 놓고 김을 매기도 한다.

동쪽 언덕에 올라 노래 부르고

맑은 냇가에서 시를 지으며

잠시 자연에 맡겼다가 돌아갈 뿐이니
천명을 즐길 뿐 무엇을 의심하리.

자연으로 돌아가 농촌에서 살다

도연명은 '자연으로 돌아가 농촌에서 살다.'라는 뜻을 지닌 「귀원전거(歸園田居)」 5수를 쓴다. 1수를 읽어보자. 기쁨과 즐거움이 넘치는 표현은 도화원을 방불케 한다.

어려서부터 세속과 맞지 않았고
본래 성품은 산을 좋아했네.
더러운 그물망에 잘못 떨어져
단숨에 삼십 년이 지났네.
갇힌 새는 옛 숲을 그리워하고
못 속 물고기 옛 연못을 생각하네,
남쪽 들판에 황무지를 개간하며
순박함을 지키려 전원으로 돌아왔네.
네모난 대지 십여 묘에
초가집은 여덟아홉 간.
느릅나무 버드나무 늘어져 뒤 처마 가리고
복숭아나무 자두나무 집 앞에 늘어섰네.

먼 마을 어슴푸레한데

동네에선 연기가 가물가물 피어오르네.

깊은 골목에서 개가 짖고

뽕나무 꼭대기에서는 닭이 우네.

집 뜰에는 더럽거나 잡스러운 것이 없고

빈방에는 한가로움이 넘치네.

오랫동안 새장 속에 갇혀 있다가

다시 자연으로 돌아왔네!

세속의 그물망, 갇힌 새, 못 속 물고기 등은 벼슬을 말한다. 그것은 순박한 자연과 대립한다. 벼슬은 구속이고 자연은 자유이다. 도연명은 이 시에서 벼슬을 떠난 자유로움을 만끽하면서 농사짓기의 즐거움과 이웃과의 왕래를 노래한다. 대지가 십여 묘(畝)라는 것은 약 2,000평에 해당하여 상당히 크다. 당시 서민의 집이 보통 방이 세 개인 초가삼간임을 고려하면 아홉 간 집이라는 주택도 그 세 배에 해당하는 상당히 큰 집일 터다. 2수도 시골 풍경을 묘사한다.

들판이라 인적이 드물고

외진 곳이라 오가는 수레도 없네.

한낮에도 사립문 굳게 닫고

빈방에서도 속세를 끊었네.

때때로 먼 데 사는 이웃과

도연명의 「귀거래사」.

풀을 헤치고 함께 오가네.
만나도 헛된 말 없고
그저 뽕과 삼이 자란 이야기만 하네.
뽕잎과 삼줄기는 날마다 자라고
내 밭도 하루하루 넓어지네.
다만 걱정은 서리 싸락눈 갑자기 닥쳐
잡초더미처럼 시들어버리는 것이네.

도연명이 산 곳은 사대부들이 사는 성읍이 아니라 들판이다. 들판에는 인적이 거의 없다. 특히 사대부들이 올 리 없다. 사대부들은 서로 몰려다니며 작당하기가 보통인데, 들판에서는 그런 일이 있을 수 없다. 그러나 농촌에도 이웃은 있다. 그들은 '헛된 말' 없이 농사 이야기만 하지만, 필요하다면 마을의 자치 문제를 두고 협력한다. 물론 농사일은 쉽지 않다. 3수에서는 힘든 농사를 다음과 같이 묘사한다. 흡사 그림 같다.

남산 아래에 콩 심으니
풀만 무성하고 콩 싹은 드무네.
새벽 일찍 일어나 밭에 잡초 매고
달빛을 받으며 호미 메고 돌아오네.
초목이 무성하여 길은 좁고
저녁 이슬에 옷 다 젖네.

옷 젖는 것 아깝지 않으나
다만 바라기는 어긋남이 없었으면.

농촌은 아름답지만은 않다. 4수에서 시인은 황폐한 마을에 대해 노래한다.

오랜만에 산과 못에 가 노닐며
넓은 숲과 들판을 마냥 즐기네.
자식과 조카들 손잡고
덤불 헤쳐 황폐한 마을로 가네.
언덕 위 무덤 사이 서성이려니
옛사람의 거처가 어렴풋하네.
우물과 부엌 터는 흔적만 남고
뽕나무와 대나무도 그루터기뿐.
나무하는 사람에게 물어보니
여기 사람들 모두 어찌 되었소.
나무하는 이 나에게 하는 말이
모두 죽어서 남은 이가 없다오.
한 세대에 세상 바뀐다 하더니
이 말은 참으로 빈말이 아니네.
인생은 환상인 양 변하여 가니
끝내는 공(空)과 무(無)로 다시 가네.

위 시에서 노래하듯 마을 하나가 금방 없어질 정도로 도연명의 시대는 어려웠다. 5수도 시골 생활의 즐거움을 노래한다.

비통함에 홀로 지팡이 짚고 돌아와
잡목 덤불 우거진 구비를 지나네.
산골 물 맑고도 얕게 흘러
내 발을 씻을 만하네.
새로 익은 술 거르고
닭 잡아 이웃을 부르네.
해 지고 방 안 어두워
싸리불 지펴 촛불 대신 하네.
즐거운 마음에 저녁 짧음 괴로워
벌써 아침 하늘이 훤히 밝아오네.

6수는 「귀원전거」에서 생략되기도 하지만, 역시 시골 생활의 즐거움을 노래한다.

동쪽 물가에 씨앗을 심었더니,
고랑 고랑 무성히 싹이 돋았네.
호미질 비록 힘들기는 해도,
탁주 힘을 빌려 스스로 즐기네.
날 저물어 섶나무 수레를 덮고,

길이 어두우니 빛은 이미 저녁.
저녁 불빛 따라 집에 돌아오니,
어린 아들 처마 밑에 기다리네.
그대 더 이상 무엇을 바라는가,
세월 가면 무언가 이루어지겠지.
바람은 뽕과 삼이 잘 자라나서,
잠월에 길쌈을 할 수 있었으면,
원래 마음 이와 같이 소박하니,
길 치우고 좋은 벗 기다릴 뿐이네.

「독산해경」

「독산해경」 13수는 전원생활 초기인 408년 도연명 44세 때의 작품이다.* 그 시에서 도연명이 묘사한 신선(神仙)과 의협(義俠)의 세계는 신비롭고 아름다우며 밝고 고요하다. 초인적 능력을 지녔으며 속세를 초월한 불로불사의 존재인 신선의 세계야 당연히 신비롭지만, 남의 어려움을 돕거나 억울함을 풀어주기 위하여 자신을 희생하는 의협의 세계도 신선의 세계 못지않게 신비롭다. 생명의 물질성을 비판한 「형영신」과 달리 2수에서 8수까지 장생에 대한 환상을

* 김창환. 282쪽은 422년 58세에 지었다고 한다.

묘사하지만 역시 미신에 빠지지는 않는다. 그리고 9, 10수에서는 의협 세계에 공감한다. 먼저 1수를 읽어보자.

> 초여름 초목 자라고
> 집 둘레에 나무 더욱 우거졌네.
> 새들이 깃들 곳 있어 기뻐하듯
> 나도 내 초막 사랑하네.
> 이미 밭 갈고 씨 뿌렸으니
> 책 읽을 시간이 왔네.
> 내 가난한 골목은 큰길과 멀리 떨어져
> 친구들도 수레 되돌려 찾지 못하네.
> 기쁘게 봄 술 따라 마시며
> 뜰의 채소를 따네.
> 가랑비가 동쪽으로부터 오니
> 부드러운 바람 함께 불어오네.
> 『목천자전』 이야기를 두루 훑어보며
> 『산해경』 그림을 흐르듯 살펴보네.
> 위아래 온 우주를 다 보았으니
> 즐겁지 아니한가?

『목천자전(穆天子傳)』은 주나라 목왕(穆王)이 여덟 필의 준마를 타고 서쪽 세계를 여행한 일에 대한 환상적인 기록으로 작자 미상

의 중국 신화서이다. 『산해경』 중에서 도연명이 가장 좋아한 부분
은 신령이 산다는 서방 곤륜산(崑崙山)의 현포(縣圃)와 그곳에 사는
여신 서왕모(西王母)의 이야기다. 목왕이 왕모와 만나는 장면을 그
린 2수를 읽어보자.

    옥대가 노을 위로 아름답게 떠오르고
    서왕모의 웃는 얼굴 곱게 비추네.
    천지와 함께 생겨났으니
    몇 살인지 알지 못하네.
    우주의 신령한 변화는 무궁한데
    서왕모 집은 이 산 하나가 아니라네.
    흥겹게 취해 새 노래 한 자락 부르니
    어찌 속세 소리에 비할까?

  도연명은 동시대에 유행한 신선을 배격했지만, 전설이나 고사의
신선에 대해서는 관심을 가졌다. 이를 현실에 대한 부정의 의미로
읽을 수도 있으나, 앞에서 보았듯이 만년의 『형영신』 등에 가서 부
정되는 것들이다. 다음의 3수에서도 신선이 나온다.

    멀고도 높은 괴강의 산봉우리
    현포(玄圃) 언덕이라 부른다네.
    서남쪽에 곤륜산이 보이는데

빛나는 기운 비교할 곳이 없네.
우뚝 솟은 낭간 나무 환히 빛나고
출렁이는 요지는 맑게 흘러가네.
한스럽네, 주나라 목왕을 따라
팔준마 수레 타고 놀지 못하니.

괴강(槐江)은 강의 이름이 아니라 산의 이름이다. 현포(玄圃)는 상제(上帝)의 정원이며 농장이다. 낭간(琅玕) 나무는 중국 한족의 신화 전설에 나오는 신성한 나무로, 그 열매는 옥과 같은데 봉황(鳳凰)의 먹이가 된다. 진귀하고 좋은 물건을 비유할 때 쓰이는데 여기서는 맛있는 요리나 그릇을 뜻한다. 요지(瑤池)는 신선이 사는 연못으로 중국 곤륜산(崑崙山) 정상에 있고, 주(周)나라 목왕(穆王)이 서왕모(西王母)를 만났다는 곳이자, 밤에 천상에서 신선들이 용이나 기린, 또는 봉황을 타고 내려오는 곳이라고 한다.

다음 4수에서는 장수를 가능하게 하는 영약에 대한 『산해경』에 나오는 이야기가 나온다.

단목은 어디에서 나는가?
바로 밀산의 남쪽이라네.
꽃은 노란 데다가 열매는 붉으니
이것을 먹으면 목숨이 길어진다네.
백옥엔 흰 진액 엉겨

근유의 옥은 기이한 빛을 발하네.
어찌 군자의 보배만 되리오
우리 황제 헌원씨도 귀하게 여겼다네.

단목(丹木)이란 밀산(崒山)에 많이 자라는 나무로 잎이 둥글고 줄기가 붉으며, 노란 꽃에 붉은 열매를 맺는다고 한다. 백옥(白玉)이란 밀산에서 직택(稷澤)으로 흐르는 강물에서 나오는 옥(玉)인데, 이 옥에서 옥의 즙(옥수)인 옥고(玉膏)가 나온다고 하며, 황제(黃帝)도 이 물을 마셨다고 한다. 근유(瑾瑜)란 옥고에서 나오는 아름다운 옥으로 여문 밤처럼 결이 치밀하고 반짝반짝 빛이 난다고 한다.
이어 5수는 서왕모의 심부름을 하는 신비한 새인 삼청조(三靑鳥), 6수는 일출, 7수는 신령한 나무들, 8수는 불로불사의 영약을 노래한다. 이어 9수는 어둠이 싫어서 쫓아다닌 해와 경주한 과보의 불굴의 정신, 10수는 원한을 풀기 위한 정위의 분투 정신과 형천의 투쟁 정신을 노래한다. 1수에서 8수까지가 신선의 세계인 반면 9, 10수는 의협의 세계이므로 감상해보도록 하자. 먼저 9수다.

과부는 큰 뜻 품고
해와 경주를 했네.
함께 우연 밑까지 내려왔으나
승부는 나지가 않은 것 같다.
신령한 힘 이미 특별하고

황하의 물 다 기울인들 어찌 만족하랴.
남은 자취를 등림에 부쳤으니
그의 공적은 마침내 죽은 뒤에 남았네.

과보(誇父)는 명계(冥界)의 신인 후토(后土)의 후예로 거인족이다. 대황(북방 황야)의 성도재천산(成都載天山)에 사는데 귀에는 누런 뱀 두 마리를 걸고 손에도 누런 뱀 두 마리를 쥐고 다녔다고 한다. 우연(虞淵)이란 전설 속에 해가 져서 들어가는 곳을 말하고, 등림(鄧林)은 과부가 짚고 다니던 지팡이가 변한 나무를 일컫는다.

다음 10수를 읽어보자.

정위는 작은 나무들을 물어와
그것으로 큰 바다를 메우려 했고
형천은 방패와 창을 가지고 춤추듯 했으나
맹렬한 뜻만 굳건히 남아 있구나.
같은 사물이라 할지라도 닮은 것은 없으며
변하여 가버린 것은 후회해도 돌리지 못하네.
부질없이 지난 일에 마음을 쓴다면
어찌 좋은 날을 기약할 수 있겠는가?

정위(精衛)는 염제(炎帝)의 딸로 여와(女娃)가 동해에 놀러 갔다가 물에 빠져 죽어 그 혼이 새가 되었다는 상상의 새를 말하는데, 늘 서쪽 산의 나무를 물어다 동해를 메운다고 한다. 상고시대 때부터 전하는 환상의 새로 모양이 까마귀 같다고 한다. 한편 형천(形天)은 염제의 신하로 본래는 이름 없는 거인이었다. 치우가 죽은 후 염제의 세력을 규합해 황제와 권좌를 다투다 목이 잘리어 죽은 후 이 이름을 얻었다고 한다. 황제가 형천의 머리를 상양산(常羊山)에 묻었지만 형천은 젖꼭지를 눈으로 삼고 배꼽을 입으로 삼아 손에는 방패와 큰 도끼를 들고 연신 춤을 추면서 다시 황제와 자웅을 겨루려 했다.

 그리고 11수는 권선징악의 이야기, 12수는 현실에 대한 안타까움, 13수는 인재 등용의 신중함을 나타낸다.

6장

남촌의 농사꾼 아나키스트 시인(43세 이후)

「무신년 7월, 화재를 당하고」

시골 생활 3년째인 408년, 도연명 나이 43세에 집에 화재가 발생한다. 이는 도연명에게 정신적으로나 경제적으로나 큰 충격이었다. 이로써 그는 전원생활의 전환점을 맞게 된다. 한여름부터 초가을까지 가족은 농막 앞 하천에 떠 있는 배에서 살았는데, 그 뒤로 정서는 격렬해지고 빈부에 대한 분노와 함께 빈곤 속에 절개를 지키려는 마음이 더욱더 커진다. 그 시작인 「무신년 7월, 화재를 당하고(무신세유월중우화戊申歲六月中遇火)」를 읽어보자.

초가집 궁벽한 마을에 붙었어도
화려한 벼슬살이 사양하였네.
한여름 세찬 바람 휘몰아치더니

숲속의 집이 갑자기 타고 말았네.

방 한 칸 남지 않아

배 타고 숲 가장자리 문 앞에 머무르네.

깊어가는 가을밤

아득히 달은 둥글어가네.

과일과 채소 다시 나건만

놀란 새들은 아직도 돌아오지 않네.

한밤중 우두커니 먼 옛날 생각하며 한번 돌아보니

온 하늘 두루 보이네.

머리 묶고 고고한 절개 품고서

어느덧 마흔을 넘어섰네.

몸은 자연의 변화에 따르지만

마음은 언제나 홀로 한가하였네.

곧고 굳음이 본래 바탕이 있었으니

옥석도 그만큼 견고하지 못하네.

동호계자 시대를 우러러 생각해보니

남은 곡식 밭 가운데 묵혀뒀다 하네.

배 두드리며 아무 근심 없고

아침이면 일어나고 저물면 돌아와 잤다네.

아마 그런 시대 만나지 못했으니

서쪽 채마 밭에 물이나 줄 수밖에.

시인은 상고시대의 동호계자(東戶季子)를 떠올린다. 이는 「회남자(淮南子)」*에 나오는 전설 속 임금이다. 당시에는 땅에 물건이 떨어져도 누구 하나 줍지 않고 농기구와 양식을 그냥 밭에 쌓아두었다. 사유 개념도 없었고, 재산 때문에 걱정할 것이 없었다.

408년 화재가 난 뒤 도연명은 시상의 옛집으로 되돌아와 잠시 살았을 수 있다. 그것을 쓴 시가 아래의 「환구거」라고 보는 견해가 있지만(첸즈시, 202쪽) 그 시에서는 고향 집을 떠난 지 6년 만에 돌아왔다고 하므로 412년이 된다. 따라서 연도에 문제가 있다. 만일 살기 위해 돌아왔다면 6년 만이 아니라 3~4년 만에 돌아온 것으로 보아야 한다. 따라서 「환구거」에서 6년 만에 돌아왔다는 것은 이사한 게 아니라 잠시 들르러 온 것이라고 볼 수 있다.

여하튼 그의 옛집은 도연명이 살던 관사가 있던 상경의 성에서 5리 정도 떨어진 곳에 있었는데 규모가 상당했다. 도연명은 어려서부터 그 집에 살았고, 벼슬을 할 때만 떠났다. 그러나 옛집에 사는 것은 초심에도 어긋나고 농사일을 하기에도 불편했다. 그래서 410년 45세 때 경작지 가까운 남촌으로 이사했음을 「이거」 2수를 통해 알 수 있다. 남촌은 완전한 전원이 아니라 사인(士人, 벼슬을 하지 않은 선비)과 농민이 섞여 사는 곳인데 도연명은 죽을 때까지 그곳에 살았다. 그곳에서 「영빈사」 7수를 썼다. 초가집인 그 집의 규모도 방이 여덟아홉 칸이라고 하니 꽤 컸다.

* 전한(前漢) 회남왕(淮南王) 유안(劉安)이 편찬한 일종의 백과사전이다.

「환구거」

예전에 상경(上京)에서 살다가
육 년 지나 다시 돌아왔네.
오늘 비로소 다시 와 보니
처량하고 애통하여 슬픔이 많네.
논밭 길은 예전과 다름없으나
마을의 집은 예전과 같지 않네.
옛집 주위를 두루 돌아보니
살아남은 이웃 노인들이 드물구나.
한 걸음 한 걸음 지난 자취 찾아보니
유달리 아쉬운 곳도 있네.
일생은 환영처럼 흘러가며
계절이 나날이 떠밀듯이 흘러가네.
내 목숨 다하여
기력이 쇠할 때까지 기다려주지 않을까 봐 늘 두렵다네.
부질없는 생각일랑 내버려두고
우선 한잔 술 털어 마시려네.

「이거」

408년 농막이 불탄 지 3년째 되는 410년 45세의 도연명은 남촌(南村)으로 이사했다. 그리고 그 이사를 「이거(移居)」라는 제목으로 노래했다.

전부터 남촌에서 살고자 한 것은
좋은 집터라고 점을 봐서가 아니네.
순박한 사람 많다기에
아침저녁으로 자주 만나고 싶었다네.
이런 생각 가진 지 여러 핸데
오늘에야 이처럼 옮기게 되었네.
누추한 집 어찌 꼭 넓을 필요 있을까?
해진 침상과 자리로 충분하네.
이웃 사람들 때때로 찾아와
소리 높여 옛날 일을 이야기하네.
좋은 글 함께 감상하고
의심나면 함께 따져보네.
봄가을 화창한 날 많아
산에 올라 새로 쓴 시 읊는다네.
문 앞 지나가면 서로 불러
술 있으면 함께 마시네.

농사일로 바쁠 땐 각자 돌아갔다가
한가해지면 서로 생각나네.
생각나 옷 걸치고 찾아가
주고받는 이야기 질리지 않네.
이런 즐거움 어찌 좋지 않은가?
훌쩍 이곳을 떠나지는 말지니
입고 먹는 것은 스스로 해결해야 하는 것
힘써 밭 갈면 나를 속이지 않으리.

남촌은 여산의 남쪽으로 소위 배산임수(背山臨水)의 명당이었다. 풍경도 수려했다. 산을 등지고 물을 바라보는 지형으로 고대 동아시아에서는 이상적인 주거지로 여겨졌다. 도연명이 살았던 집은 당나라 때까지도 남아 있었다. 이는 당나라 시인 백거이(白居易, 772~846)가 남긴 시 「도연명의 옛집을 찾아(訪陶公舊宅)」를 통해 알 수 있다.

「경술년 시월, 서전에서 올벼를 수확하고」

도연명의 농지는 집안의 밭과 남촌 외에도, 서전(西田)과 하손전(下潠田)에 있었다. 뒤의 두 곳은 농사지을 때만 거주하며 수확했다. 410년 45세에 지은 「경술년 시월, 서전에서 올벼를 수확하고」는 원제가 '경술세구월중어서전확조도(庚戌歲九月中於西田穫早稻)'로 서전에서의 수확에 대한 시다. 「귀거래혜사」에 나오는 서주가 서전인데 산속에 있어서 집과 멀고 추운 곳이었다.

   인생이 따라야 할 도가 있으니
   입고 먹는 일이 그 시작이네.
   뉘라서 이를 돌보지 않고
   스스로 편안하겠는가?
   초봄부터 농사 바빴으니
   한 해 수확 볼 만하다네.
   새벽이면 나가 작은 일도 힘쓰고
   해가 지면 쟁기 메고 돌아오네.
   산중이라 서리 이슬 많아
   바람과 공기, 평지보다 먼저 차가웠네.
   농사가 어찌 고단하지 않으랴만
   그 어려움을 벗어날 길이 없네.
   온몸이 몹시 피곤하여 고달파도
   다른 병이 없기만을 바랄 뿐이네.
   손발 씻고 처마 밑에 쉬면서
   술 한 말에 굳은 마음과 얼굴을 펴네.
   먼 옛날 숨어 농사짓던 장저와 걸익의 마음이
   천년 지나 내게 이어지네.

다만 언제나 이렇듯 농사짓기를 바랄 뿐
농사를 한탄하지 않기를.

하손전에서의 농사를 묘사한 시인 「병진년 9월, 하손전에서 수확하고」는 원제가 '병진세팔월중어하손전사확(丙辰歲八月中於下潠田舍穫)'이다.

모든 사람은 형제

도연명은 직접 농사를 짓고 농민들과 친구가 되었다. 그는 농민의 순박한 인품과 감정을 알게 되고 그들을 찬양하고 그들과의 우의를 소중하게 생각했다. 「잡시(雜詩)」1수에서 그는 모든 사람이 형제라고 노래한다.

인생은 뿌리도 꼭지도 없는 것
길 위의 먼지처럼 부질없이 나부끼네.
흩어져 바람 따라 떠도니
이는 이미 무상한 몸이라
세상에 태어나면 형제 된 것이니
어찌 반드시 골육끼리만 친할까?
기쁜 일 생기면 마땅히 즐기리니

한 말의 술 있으면 이웃을 불러 모으게.
청춘은 다시 오지 않으니
하루에 새벽 두 번 오기 어려워라.
때가 되면 마땅히 힘써 노력할지니
세월은 사람을 기다리지 않는다네.

사람의 생명에는 나무의 뿌리나 과실의 꼭지와 같은 확고한 거점이 없다. 바람의 뜻대로 이쪽저쪽으로 날려가 더 이상 원래의 모습을 유지할 수 없다. 그런 세상에 태어났기 때문에 모든 사람이 형제다. 육친에게만 한정할 필요는 없다. 기뻐할 때는 마음껏 즐기고 술을 듬뿍 준비해 이웃 동료와 함께 마시는 것이 좋다. 젊을 때는 두 번 다시 오지 않으며 하루에 두 번째 아침이란 없다. 즐길 때는 한껏 즐기자. 때라는 것은 사람을 기다려주지 않는다.

이 시는 내가 제일 좋아하는 시이고, 도연명의 시 중에서도 제일 좋아하는 시다. 그래서 제목이 「잡시」인 점이 유감이다. 물론 '잡스러운 시'라는 뜻이 아니라 '잡다한 시'라는 의미이긴 하지만 말이다. 즉 여러 가지 잡다한 감회를 노래했다는 뜻이다. 그런 잡시의 1수가 '평등의 노래'라니 놀랍지 않은가.

「잡시」

우리는 「잡시」 12수 중 5수와 11수를 앞에서 보았다(80쪽, 105쪽 참조). 9수에서 12수까지는 벼슬살이에 관하여 쓴 것으로 36~37세나 40~41세에 쓴 것 같다. 나머지 1수(127쪽)에서 8수는 414년인 49세에 지은 것으로 보인다. 2수를 읽어보자.

밝은 해 서쪽 장강으로 떨어지고
하얀 달은 동산 위에 떠오르네.
아득한 빛줄기 만 리까지 비추고
드넓은 창공에 경치를 펼치네.
바람이 일어 방문으로 불어드니
한밤중의 베개와 잠자리가 서늘하네.
공기가 변하니 철이 바뀌었음을 알겠고
잠들지 못하니 밤이 길어졌음을 알겠네.
말하고 싶어도 나에게 대꾸해줄 사람 없어
잔 들어 외로운 그림자에 권하네.
세월은 사람을 버리고 가니
뜻을 가지고도 펼칠 수가 없네.
이를 생각하니 마음이 서글퍼져
새벽 되도록 진정하지 못하네.

「음주」

도연명을 흔히 술의 시인이라고 하지만 그가 술에 입을 댄 것은 중년 이후였다. 정확히는 50대 이후였다. 당시의 느낌을 시인은 「음주」 서문에서 다음과 같이 말한다.

나는 조용히 살다 보니 달리 즐거운 일도 없고, 게다가 가을밤이 너무 길어, 우연히 좋은 술이 생기면 저녁마다 빼놓지 않고 마시게 되었다. 등불에 비춘 내 그림자를 벗 삼아 마시다 보니 혼자서 다 비우고 금방 취해버렸다. 취하고 나면 시 몇 구를 지어보고 혼자서 즐겼다. 종이에 써놓은 것이 여러 수(首)가 되었지만 말에 차례가 없어서 그냥 친구더러 다시 정서해달라고 부탁하여 즐기고 웃을 거리로 삼을 따름이다.

「음주」는 그 16수에서 "어느덧 불혹에 가까워졌지만"이라는 구절을 근거로 38세에 쓴 것이라고 보는 게 통설이지만, 그것은 39세가 다 되도록 벼슬을 제대로 못 했다는 자조에 불과하다. 「음주」 16수를 읽어보자.

젊은 날에 세상과 어울리지 못하고
오직 육경에서 노니는 것을 좋아하였네.
어느덧 불혹에 가까워졌지만

언제나 제자리, 이룬 바가 없네.
끝내 가난한 절개만을 굳세게 지키며
추위와 굶주림만 지겹도록 견뎌왔네.
누추한 오두막엔 슬픈 바람만 드나들고
황량한 잡초만 앞뜰을 뒤덮네.
낡은 옷 걸치고 지새우는 긴 긴 밤
닭마저 새벽을 알리지 않네.
선비를 알아주는 맹공도 없으니
끝내 내 마음 깊이 묻혀버리겠네.

위 앞부분은 젊은 날이 지나고 어느덧 불혹에 가까워져도 벼슬을 못 했다는 것을 개탄하는 것이지 위 시를 쓴 시점과는 무관하다. 위 시에서 "누추한 오두막"이라고 하듯이 「음주」에서 도연명은 집이 누추하다는 말을 자주 하는데, 그것을 보면 적어도 이는 남촌에서 살았음을 뜻하므로 그 시는 412년 47세 때 남촌으로 이사한 뒤에 쓴 것이라고 볼 수 있다. 남촌 이전에는 그렇게 누추한 집에서 살지 않았기 때문이다.

「음주」에 나오는 시들은 시인이 고독하게 세속 초월에 대한 절개를 지키며 살아가는 마음을 노래한 시들과 그런 입장에서 현실을 비판하는 시들로 나눌 수 있다.

술과 도

「음주」의 1수에서 도연명은 전원생활 중 물질적으로는 술, 정신적으로는 도(道)가 그의 마음을 치유했다고 노래한다.

쇠락과 번영은 정해진 게 아니라
바뀌고 서로 돌게 마련이네.
오이밭을 가는 소평이
동릉후였음을 누가 아는가?
추위와 더위가 바뀌듯
인간의 삶도 그와 같다네.
현명한 이들은 이 이치를 깨달아
지나간 일에 의혹을 품지 않는다네.
홀연히 한 동이 술이 생기었으니
밤낮으로 기꺼이 술 마시며 즐기리라.

소평(邵平)은 진(秦)나라 사람으로 동릉후(東陵候)에 봉해졌으나, 진나라가 망한 뒤 장안의 동쪽에서 오이를 기르며 안빈낙도의 삶을 살았다. 자연의 이치는 변화하는 점을 깨달으면 초연할 수 있다는 것이 도연명의 기본 사상이다. 도연명은 자신에게 두 개의 자아가 있다고 노래하며 술에 취한 자아가 맨정신인 자아보다 낫다고 노래한다. 이는 13수와 14수에서 볼 수 있다.

늘 함께 있는 두 나그네
생각은 서로 다르네.
한 사람은 늘 취해 있고
다른 사람은 맨정신이네.
깨어 있으나 취해 있으나 서로 웃지만
서로 말이 통하진 않네.
구차하게 얽매여 사니 얼마나 어리석은가?
홀로 고고하니 빼어나게 보이네.
술 취한 나그네에게 한마디 하겠노라
날 저물면 등불 켜고 밤새워 마시라고.

나를 잘 아는 옛 친구 있어
술병 들고 서로 찾아다니네.
소나무 아래에 자리 펴고
연거푸 마신 술이 이내 취하네.
취기가 오르자 친구 소란스럽고
술 따르는 순서도 뒤죽박죽이네.
취하여 내가 누군지조차 잊었는데
명리 귀한 줄 어찌 알겠는가?
자신이 머무는 자리도 찾지 못하니
술 속에 깊은 묘미가 있네.

도연명의 술은 단절되고 고독한 사람들을 이어주어 나와 너의 단절을 없애주는 것이다. 술을 마시는 것은 도가의 자연사상을 구현하는 사상적 행위이다. 맨정신의 자아는 유가의 자아이고, 술에 취한 자아는 도가의 자아다.

참된 귀은

도연명 생존 당시의 '귀은'이란 시골에서 향락을 즐기며 사는 것이었다. 9수에서 노인이 도연명의 가난한 귀은을 비웃은 것도 이 때문이다. 지금 한국에서도 마찬가지가 아닌가? 지금이나 옛날이나, 한국이나 중국이나, 시골에 간다고 해서 물질생활의 향유가 줄어들기는커녕 도리어 더 오랜 시간 자연에 푹 빠져 음악, 여색, 기름진 요리를 즐겼다. 거기다가 지금은 온갖 문명의 도구나 시설이 더해진다. 외제 자가용이 여러 대 있고 컴퓨터가 있고 기타 각종 전자제품이 즐비하며 테니스장이나 골프장이나 수영장이 더해진다.

이른 새벽 문 두드리는 소리 들려
서둘러 옷 입고 문을 열었네.
누군지 묻는 내 앞에
착하게 생긴 농부가 서 있었네.
멀리서 술 들고 인사 왔다며

세상과 떨어져 산다며 나를 나무라네.
누추하게 초가집에 산다고
고상하고 청허한 삶이라 할 수 없다 하네.
모든 사람이 서로 어울려 살듯이
흙탕물 속에서 머리 감으라 하네.
농부의 말에 마음 깊이 느끼는 바 있지만
본시 타고난 성품이 남들과 어울리길 싫어하네.
말고삐를 돌려 되돌아갈 수는 있지만
내 뜻과 어긋나면 어찌 미혹이 아니겠나?
가져온 술이나 마십시다
내 수레는 되돌릴 수 없다오.

노인은 도연명에게 오두막에서 누더기를 입고 사는 은거가 어디 있느냐고 따져 묻는다. 그리고 세속에서 남들과 함께 살아야 한다고 설득한다. 그러나 도연명은 순박함을 지키기 위해 시골에 왔다. 도연명은 자신의 신념을 지키기 위해 고사를 원용한다. 11수의 안회와 12수의 장지가 그들이다. 먼저 11수를 읽어보자.

안회는 인을 실천했다고 존경받고
영계기는 도통했다고 유명하네.
안회는 늘 삶에 허덕이다 일찍 죽고
영계기는 늙도록 굶주림에 시달렸네.

비록 후세에 이름을 남겼으나
평생 굶주리며 누차하게 살았네.
죽은 후에는 어찌 알겠는가
살면서 마음 편하면 되는 일.
천금같이 육신을 지켜도
죽으면 모두 사라져버리네.
맨몸으로 매장한들 어찌 미워하랴
사람들아 속 깊은 참뜻을 알아라.

안회는 어진 사람이고 영계기는 도통한 사람이었다. 그러나 두 사람 다 가난했다. 그들의 가난이 사후 명성을 위한 것이라면 아무 의미가 없다. 사후 일은 누구도 알 수 없기 때문이다. 그들이 가난하게 산 것은 그것이 인간의 참된 삶이기 때문이지 사후 명성을 고려한 것이 아니었다. 이어 12수를 읽어보자.

장저는 단 한 번 세상에 나갔으나
꿋꿋한 절개 때문에 바로 세상을 버리고
두문불출하면서
평생토록 속세와 멀어졌네.
양윤도 물러나 큰 집에 돌아왔으니
고고한 인품을 비로소 깨달았네.
한번 갔으면 그만인걸

어찌 다시 의혹에 빠졌던가?
그만두자, 말해 무엇하랴
세상이 나를 속인 지 오래네.
거리의 낭설에 휩쓸리지 말고
내가 가는 은거의 길을 따르리라.

장지(張摯)는 한나라 장석지(張釋之)의 아들로 대부(大夫) 벼슬에 이르러 사직한 뒤, 강직한 성품을 굽히지 않은 채 종신토록 벼슬에 나아가지 않았다. 양륜(楊倫)은 후한(後漢)의 학자로 군(郡)의 문학연(文學掾)이라는 벼슬을 지냈으나 뜻에 맞지 않아 벼슬을 버리고 대택(大澤)에서 글을 가르쳤는데 제자가 천여 명이 넘었다고 한다. 그들의 삶이 도연명의 삶과 유사하기에 위 시를 썼다. 그에 의하면 일단 은거를 선택하면 의혹을 가져서는 안 되고, 세상의 여러 말을 들을 필요가 없다.

"무리 잃은 새 한 마리"

도연명은 옛사람들에게서 은거의 준거를 배움과 동시에 옛사람들의 은유를 통해 은거의 의지를 다졌다. 그는 『논어』 「자한(子罕)」편에서 공자가 "날씨가 차가워진 다음에야 소나무와 잣나무가 여전히 푸르다는 것을 알 수 있다."고 하며 덕을 소나무에 비유한 것을 차용한다.

무리 잃은 새 한 마리 불안에 떨며
날 저물도록 홀로 날고 있네.
머물 곳 찾지 못해 배회하며
온밤 내내 울며 맴도네.
날카로운 소리는 청정한 먼 곳 생각하며
오가며 얼마나 그리워하고 있는지.
그러다 홀로 자란 소나무 만나
날개를 접고 멀리서 돌아왔네.
세찬 비바람에 무성한 나무라곤 없는데
이 그늘만이 홀로 쇠하지 않았네.
이제 몸 맡길 곳 찾았으니
천년토록 떠나지 않으리라.

위 4수에서 도연명은 자신을 "무리 잃은 새 한 마리"에 비유한다. 이 같은 새의 비유는 그가 지은 시에 자주 나온다. 가령 「귀조」에서는 "외로운 새", 「영빈사」에서는 "뒤처져 숲을 나서는 새"이다. 이는 외롭게 도를 지키는 고독의 절개를 말한다. 소나무도 그런 절개를 상징한다. 앞에서 보았듯이 「한정부」에도 "푸른 소나무의 우람한 그늘"이 나오고, 「귀거래혜사」에도 "세 갈래 길은 황폐해졌으나 / 소나무와 국화는 아직도 꿋꿋하다."라고 나온다.

8수에도 소나무가 나온다. 시인은 「귀거래혜사」에서 "외로운 소나무를 어루만지며 서성인다."고 했듯이 소나무의 "차가운 가지 어루만지며 / 때때로 먼 곳을 바라보네."라고 노래한다.

동원에 홀로 선 푸른 소나무
무성한 잡풀에 묻혀 안 보이더니
된서리에 초목이 시들자
높은 가지 우뚝 드러났네.
잡초에 가려 사람들이 몰라보았으나
홀로 선 모습이 더욱 당당하네.
술병 들고 찾아가 차가운 가지 어루만지며
때때로 먼 곳을 바라보네.
삶은 한바탕 꿈과 허상이거늘
어찌 속세의 굴레에 매여 지내겠는가?

5수에는 국화, 남산, 새들이 나오는데, 그 모두는 평정심이 장소의 문제가 아니라 마음의 문제라고 하는 가운데 모두 함께 하나가 된다.

초가집 짓고 마을 근처에 살아도
수레와 말 시끄럽지 않네.
그대는 어찌 그럴 수 있는가 묻는다면

마음 멀어지니 땅도 절로 멀어지네.
동쪽 울타리 밑에서 국화를 따니
멀리 남산이 눈에 들어오네.
해 질 녘 산 기운은 더욱 아름답고
떠돌던 새들도 무리 지어 돌아오네.
여기에 참뜻이 있으니
말하려 해도 말을 잊었네.

7수에도 국화가 나온다. 그 밖에 5수와 7수는 서로 공통된 점이 많다. 즉 "동쪽 울타리"와 "동쪽 창", "국화를 따니"와 "꽃잎을 따네", "떠돌던 새들"과 "돌아가는 새들", "참뜻"과 "삶의 뜻" 등이다.

아름다운 가을 국화
이슬이 젖은 꽃잎을 따네.
근심 잊으려 술에 띄워서 마시니
속세와 멀어진 심정 더욱 멀어지네.
잔 하나로 혼자 마시다 취하니
잔이 비면 병이 절로 기우네.
날 저물어 만물이 쉬는 때
돌아가는 새들도 숲을 향하여 지저귀네.
동쪽 창 아래서 휘파람 불며 마음 풀어놓으니
그런대로 다시 삶의 뜻을 깨닫겠네.

17수에는 새, 소나무, 국화 외에 난초를 통해 자신의 과거 벼슬길을 반성하며 전원에 사는 것이 옳다는 것을 다시 노래한다.

앞뜰에 그윽이 핀 난초
향기 머금고 맑은 바람 기다리네.
맑은 바람 가벼이 불어오면
잡초 속에서 확연히 돋보이네.
먼 길 가다 옛길을 잃고 헤맬 때
눈앞의 길을 따라가도 혹 통하기도 하련만
깨달으면 당연히 옛길로 돌아가야지
새가 사라지면 좋은 활도 버려야 하나니.

위 시에서 "먼 길 가다 옛길을 잃고 헤맬 때" 이하 네 구절은 「귀거래혜사」에서 "길을 잃었으나 그리 멀리 가지는 않았으니 / 지난날은 그릇되고 지금이 옳음을 깨달았네."라는 구절처럼 입신양명을 위해 벼슬길에 나섰다가 몸을 돌려 전원으로 돌아감을 의미한다. 마지막 구절인 "새가 사라지면 좋은 활도 버려야 하나니"는 『사기』「회음후전」에서 "높이 나는 새가 사라지면 좋은 활을 감춘다."는 구절을 차용한 것으로, 자신이 유유와 관련되어 벼슬을 하다가 전원으로 돌아가야 했음을 의미한다.

현실 비판

도연명은 2수에서 백이 숙제를 원용하여 선악을 제대로 가리지 못하는 세상을 비판하고 자신의 의지를 재확인한다.

착하게 살면 복 받는다 했는데
백이와 숙제는 수양산에서 굶어 죽었네.
선과 악에 응보(應報)가 없다면
어찌 빈말만을 앞세웠는가?
영계기 아흔에도 허리띠 줄이며 가난하게 살았거늘
젊은 내가 이것을 못 참겠는가?
곤궁해도 굳은 절개 아니고서야
먼 후세에 어찌 이름 남기겠는가?

3수에서는 도가 사라진 지 천년이라고 하는데 이는 공자나 노자의 사후를 말한다. 도가 사라져서 사람들은 서로 정을 주지 않고 술도 함께 마시지 않으며, 오로지 세속의 명예와 이익만을 좇는다고 비판한다.

도(道)가 사라진 지 천년이 되어가니
사람들은 서로 정(情) 주기를 꺼리네.
술이 있어도 함께 마시려 하지 않고

오직 세속의 명리만 즐겨 찾네.
출세해서 화려하게 살더라도
짧은 한평생에 지나지 않거늘
그 한평생은 또 얼마나 되나?
갑자기 번쩍이는 번갯불 같은데.
길어야 백 년도 못 사는 인생
부귀와 명리를 애써 얻어 무얼 하려나.

6수에서는 당대를 전국시대에 빗대어 비판한다.

사람의 행동은 다르므로
누가 잘잘못 가리겠는가?
저마다 멋대로 옳고 그름 정해놓고
잘했다 못했다 칭찬하고 헐뜯는다네.
은·하·주 삼대 이후 더욱더 그러하나
도통한 선비만이 그렇지 않았네.
참으로 가련한 세상의 어리석은 사람들이여
역시 하황공과 기리계를 따르고자 하네.

하황공(夏黃公)과 기리계(綺里季)는 진(秦)나라 말기에 상산(商山)에 들어가 숨어 살던 이른바 상산사호(商山四皓) 중의 두 사람을 말하는데, 원시에서는 황기(黃綺)라고 한다.

18수에서 시인은 양웅(揚雄)을 빌어 다른 나라를 공격하는 것을 비판한다.

양웅은 천성이 술을 좋아했으나
집이 가난하여 얻을 수가 없었네.
가끔 호사가들 덕을 보았는데
술 들고 찾아와 의혹을 풀어달라 했네.
술 한잔에 그를 위해 이치 따지면
질문에 답하지 못한 적이 없었네.
간혹 말하지 않은 때도 있었으나
다른 나라 침략에 대해 물을 때뿐이었네.
어진 사람이 마음을 바로 사용하는 것은
출사 때나 은거 때나 다르지 않다네.

양웅은 한(漢)나라 때의 유학자로 학문이 깊고 기이한 글자를 잘 알았는데도 벼슬은 궁정에서 창을 잡는 낭관(郞官)에 지나지 않았다. 그는 천록각(天祿閣)에서 사무를 보던 중 자신의 스승이 제위(帝位)를 찬탈한 왕망(王莽)을 비판하다가 처형당했다는 말을 듣고 이에 연루될까 두려워하여 투신자살하려 하였으나 죽지 않고 살아나 왕망을 섬겼다. 도연명이 여기서 말하는 것은 유유가 제위를 찬탈하려고 한 것에 대한 비판이다. 도연명은 마지막 20수에서도 도가 사라진 현실을 비판한다.

나에게 복희 신농은 아득히 멀고
온 세상에 순진함이 적다네.
열심히 노력한 노나라 노인
미봉하여 순박하게 하려 했네.
봉황이 되어 날지는 못했으나
잠시나마 예악을 새로 만들었네.
수사의 심오한 말씀 끊어지고
표랑하듯 광포한 진나라에 이르렀네.
시경 서경이 무슨 죄 있어
하루아침에 잿더미 되었던가.
한나라의 노인들은
정성껏 예의를 가르쳤다네.
어찌하여 어지러운 세상 되어
아무도 육경을 공부하지 않네.
종일토록 수레를 치달릴 뿐
나루터를 묻는 현인은 보이지 않네.
다시 흔쾌히 술 마시지 않는다면
공연히 두건만 저버릴 뿐.
나의 이런 넋두리가 마음에 안 들어도
취한 나를 너그럽게 용서하시게나.

유가를 상징하는 망건(網巾)*은 술을 거르는 용도로만 사용될 뿐 의미가 없다는 식으로 도연명은 유교를 비판한다. 이는 당대 죽림 칠현의 한 사람인 혜강(嵇康, 223~262)이 탕왕, 무왕, 주공, 공자를 함께 비판한 것과 같다. 혜강이 그렇게 한 것은 뒤에 쿠데타로 권력을 찬탈한 사마씨 일파의 부도덕성과 그들이 내세우는 유교의 허위성을 비판하기 위한 것이었다. 도연명도 유유의 제위 찬탈 음모를 비판한다.

전원으로 돌아가기

10수에서 도연명은 과거의 군대 시절과 전원으로 돌아온 것을 회상한다.

예전에 일찍이 먼 길을 떠나
곧장 동해 입구까지 이르렀다네.
길은 멀고 긴 데다
바람과 파도로 중도에 막히기도 했네.
누가 그렇게 시켰나?

---

* 한반도에서 망건은 둥근 머리띠 형태로 띠 양 끝에 끈이 두 개씩 달려 있어서 상투라고 불리는 한국식 땋은 머리를 망건의 끈으로 고정하는 방식을 말하지만, 중국의 망건은 모자처럼 머리 윗부분을 덮는 것이어서 술을 거르는 용도로도 사용되었다.

가난에 못 이겨 그랬던 듯하네.
온 힘을 다해 배부르기를 추구하다니
조금만 있어도 곧 넉넉한 것을.
그 길이 명예로운 계책이 아니어서
가는 길 돌아서 전원으로 돌아왔네.

위 시에서 말하는 것은 앞에서 본 「경자년 오월, 도읍에서 돌아오다 규림(規林)에서 험한 바람을 만나다」의 2수에서 읊은 일을 다시 말한 것이다. 도연명은 15수에서도 같은 느낌을 쓴다.

가난한 삶이라 일손이 모자라
뜨락의 나무들이 거칠게 자랐네.
오직 새들만이 날아올 뿐
사람 발자국 없이 적적하네.
우주는 참으로 크고 영원하거늘
사람 사는 건 백 년도 못 가네.
세월이 서로 독촉하고 밀어대듯
어느덧 귀밑머리가 하얘졌네.
만약 곤궁과 영달의 마음을 버리지 않는다면
평생 지닌 정절 앞에 깊이 뉘우치리.

19수에서도 벼슬을 했지만 가난하던 과거와 귀향을 회상한다.

전에는 늘 배고픔에 시달려서
쟁기 버리고 벼슬살이에 나섰네.
가족들 부양도 어렵고
추위와 배고픔에 시달렸네.
그때가 내 나이 서른이었으니
내 의지와 마음이 부끄러웠네.
마침내 분수를 지키려고
옷소매 떨치고 전원으로 돌아왔네.
하늘의 별 위치 따라 세월도 흘러
아득히 또 십이 년이 지나갔네.
세상 길은 넓고도 멀어
양주는 그 때문에 발길을 멈추었네.
흥청망청 쓸 돈은 없으나
탁주가 그런대로 의지할 만했네.

양주(楊朱, 기원전 440~360?)는 전국시대 초기의 도가 철학자로 유가 측으로부터 개인주의자이며 쾌락주의자라는 비난을 받았다. 이는 그가 '각자 자신만을 위한다.'는 위아설(爲我說)을 제창했다고 맹자가 비난한 데서 비롯되었다. 맹자는 양주가 "털 하나를 뽑아 온 천하가 이롭게 된다고 하더라도 그렇게 하지 않는다."라는 말로 양주를 이기주의자로 비난했다. 그러나 양주는 방종과 방탕이 아닌 자연주의의 옹호자로 "삶을 대하는 유일한 방식은 방해하지 말

술을 걸러내는 도연명.

고 그대로 내버려 두는 것이다."라고 하여, 즐겁게 사는 것은 자연스럽게 사는 것이며 이는 자신에게 달린 것이라고 주장했다. 위 시에 나오는 양주가 발길을 멈추었다는 것은 『회남자(淮南子)』*에서 "양주는 갈림길을 보면 슬퍼하였다. 갈림길은 남으로도 가고 북으로도 갈 수 있기 때문이다."라고 한 고사에서 나왔다.

---

* 전한(前漢) 회남왕(淮南王) 유안(劉安)이 편찬한 일종의 백과사전으로, 전 21권이다. 『여씨춘추(呂氏春秋)』와 함께 제자백가 중 잡가(雜家)의 대표작이다. 한편으로는 노자 사상을 중심으로 제자백가를 통합하려 한 전한 황로학(黃老學)의 결정체로 보기도 한다.

7장

아나키스트 도연명, 권력을 거부하다 (56세 이후)

「의고」

 양한(兩漢, 전한과 후한) 사이에 지어진 작자불명의 시를 고시(古詩)라 하고 이것을 모방한 시를 의고시(擬古詩)라고 한다. 도연명의 「의고」는 고시를 빌어 자신의 시로 발전시킨 것이어서 고시와의 관계를 아는 것이 중요하지만, 그것은 이미 여러 책에서 규명되었다. 이 책은 중국 문학을 전문적으로 연구한 것이 아니므로 그 점을 다시 언급할 생각은 없다. 다만 시의 감상에 치중하도록 한다.
 「의고」는 유유가 진나라 왕조를 찬탈한 사건에 대한 유감을 표명한 것이라는 데 착안하여 419년 이후 유유가 송나라를 세운 420년 55세(이성호, 181쪽), 또는 그다음 해인 421년 56세에 유유를 비판하며 쓴 시라고 보는 견해(김창환, 220쪽)가 일반적이다. 이와 달리 415년 56세에 사마휴의 거병과 실패를 다룬 것이라고 본 견해(첸즈시,

220쪽)도 있다. 그러나 나는 그 창작 시기가 언제이든, 도연명이 진나라의 패망에 대해 유감을 표명한 시가 아니라, 당대의 권력 다툼 자체에 대해 도연명이 염증을 느껴 쓴 시라고 본다. 도연명은 이미 41세에 벼슬길에서 완전히 물러나면서 반권력자가 되었다. 그런 만큼 특정 권력을 편든다는 것 자체가 어불성설이다. 따라서 특정 세력, 즉 진나라의 편을 들었다기보다도 권력 투쟁 자체를 시인으로서 혐오하였기에 쓴 것이 아닐까? 진나라의 편을 들었기에 그 패망을 슬퍼하여 썼다고 보는 종래의 견해는 유교적인 견해이다. 1수부터 읽어보자.

창 밑에 난초 무성히 자라고
대청 앞엔 버들이 수북이 늘어졌네.
처음 그대와 이별할 때
이렇게 오래가 있으리라 생각지 못했네.
집 떠나 만 리의 나그네 되어
길에서 좋은 친구를 만났네.
말하지 않아도 마음 먼저 취한 듯 젖어들고
술잔은 주고받지도 않았네.
난초 마르고 버들도 시드니
마침내 약속을 저버리고 말았네.
젊은이들에게 이르노니
아는 사이가 다 충후(忠厚)하지는 않다네.

뜻이 맞으면 목숨까지 바친다는데
헤어져 멀어지면 무엇이 남겠나.

이 시는, 멀리 떠난 친구가 마음이 변해 소식조차 없으니, '친구끼리 의기투합하면 목숨까지도 바친다는데 멀리 있다는 게 무슨 변명이 되겠느냐.'고 반문하는 내용이다. 그래서 진나라가 망한 뒤 송나라에 붙어 충후의 도리를 저버린 친구를 비판한 것으로 보는 것이 종래의 견해였다.(김창환, 222쪽)

그러나 이 시의 화자가 나그네라는 점부터 주의해보자. 그가 고향을 떠날 때는 난초와 버들이 무성했다. 그리고 아내와 이별할 때 그리 오래 벼슬할 생각이 없었으나 오래갔다. 그 사이 나그네는 친구를 사귀는데, 처음에는 좋았지만 곧 시들해진다. 도연명은 그런 세태를 안타깝게 보았다. 그리고 이 때문에 그는 벼슬을 그만두고 시골에 묻히는 쪽을 택했다. 「의고」는 그런 세태에 대한 비판일 뿐, 특정한 정치 상황에 대한 시가 아니다.

2수를 읽어보자.

집 떠나 새벽 일찍 수레를 매어
무종산에 가네.
그대 지금 어디 가려나?
장삿길도 아니고 전쟁 길도 아니라네.
듣자 하니 무종에 전주라는 사람 있어

절의가 선비 중에 으뜸이라고 하네.
그 사람 오래전에 죽었으나
고향에선 그 유풍 익힌다 하네.
살아서는 명성이 있었고
죽어서도 이름이 전해지네.
거칠게 내달리는 이들은 배우지 마라.
그 명성 그래야 백 년 이내이니.

전주(田疇)는 후한 말엽, 무종(無終) 출신의 전주(傳注)라는 인물로 유주목 유우(劉虞)의 종사로 있으면서 절의(節義)를 다했고 조조를 따라 오환(烏桓)을 정벌한 공으로 의랑(議郞)에 제수되었다. 시의 화자인 나그네는 그를 흠모하여 그의 고향에 가지만 그 명성도 오래가지 않았다고 한다. 따라서 전주의 절개를 배우라고 당부한 시라고 볼(김창환, 223쪽) 수 없다.
4수도 권력의 무상을 노래한다.

높디높은 백 척 누대에 올라
사방을 조망하니 끝까지 보이네.
저녁엔 돌아오는 구름의 집
아침엔 날아드는 새들의 집.
산하는 한눈에 가득하고
평원은 망망하게 펼쳐져 있네.

옛날 공명을 좇던 사람들
뜨거운 마음으로 여기서 싸웠지만
하루아침에 백 년이 지나가니
함께 북망산으로 돌아가 묻혔네.
소나무와 잣나무는 사람들 손에 쓰러지고
무덤들은 높기도 낮기도 하네.
무너진 무덤은 주인이 없으니
떠도는 영혼은 어디에 있는가?
부귀영화가 실로 귀하다지만
가련하고 슬프네.

영웅호걸의 승패와 관계없이 그들은 모두 북망산(北邙山)에 갔다. 북망산은 중국 허난성 뤄양의 북쪽에 있는 작은 산이지만, 공동묘지를 대표하는 명사가 되었다. 상엿소리에 "이제 가면 언제 오나, 어어야~"라고 한 다음 "북망산천" 하고 답곡이 흘러나오는데 이 '북망산천'이 바로 북망산을 가리킨다. 모두 죽으니 살아생전에 싸울 필요가 없다고 시인은 노래한다.
7수도 좋은 시절은 잠깐이니 힘껏 즐기라고 노래한다.

날이 저문 하늘에는 구름 한 점 없는데
봄바람은 미미한 온기를 불어주네.
아름다운 여인은 맑은 밤을 좋아하여

새벽까지 술 마시고 노래하네.
노래를 끝내고 길게 탄식하는데
마음 크게 아프네.
구름 사이 흰 달빛
잎 사이로 꽃은 찬란하게 빛나네.
어찌 좋은 시절 한번 없으랴마는
오래가지 못하니 어찌하겠나?

'열흘 붉은 꽃이 없다.'라는 뜻인 '화무십일홍(花無十日紅)'을 연상하게 해주는 시다. 어떤 아름다움이나 영광이나 권력도 영원하지 않음을 비유하며, 인생의 무상함과 변화를 받아들이라는 뜻을 담고 있다. 마지막 9수는 다음과 같다.

장강 변에 뽕나무 심어
삼 년 지나 따려 했네.
줄기와 가지 막 무성해지는데
갑자기 천지 산하 변했네.
가지와 잎은 꺾이고
그루터기도 뽑혀 바다로 떠내려갔네.
봄누에 먹이도 없으니
겨울옷을 누구에게 기대하나?
높은 언덕에 심지 않고서

다시 무엇을 후회하랴?

위 시를 진나라가 망한 것을 뽕나무에 비유하여 슬퍼한 것이라고 보는 견해(김창환, 235쪽)가 있지만 반드시 그렇게 보아야 하는지 의문이다. 설령 진나라의 멸망에 대한 시라고 해도 그것을 권력 무상의 노래로 볼 수도 있지 않을까?

동물 사랑, 친구 사랑

3수는 제비가 옛 둥지로 돌아온다는 이야기를 빌어 전원으로 돌아가고자 하는 시인의 마음을 노래한다. 이 점에서 나는 「의고」를 정치적으로 보는 견해를 의심하게 된다.

3월에 반가운 비가 오니
우레가 동쪽 모퉁이에서 울리네.
겨울잠 자던 것들 모두 놀라고
초목은 바람에 사방으로 흩날리네.
사뿐히 새로 온 제비들.
짝지어 내 집으로 날아오네.
옛 둥지 그대로 남아 있어
서로 이끌며 옛집으로 돌아왔네.

내가 그대들과 헤어진 이후
집 앞의 뜰은 날마다 거칠어 갔네.
내 마음은 돌보다 견고하니
그대의 마음은 어떠한가.

제비는 도연명 자신이다. 또는 벼슬을 할 때의 친구다. 어지러운 세상에서 시인은 제비에게 우정을 느낀다. 제비야말로 믿을 수 있고 거짓을 모르기 때문이다. 집안의 황폐는 제비의 눈으로 본 것이다. 마지막 물음도 제비가 시인에게 묻는 것이다.
5수는 친구 사랑을 노래한다.

동방에 한 선비가 있어
옷은 항상 남루했네.
한 달에 아홉 끼를 겨우 먹고
십 년에 갓 하나를 썼네.
고생은 이보다 심할 수 없는데
늘 얼굴빛이 좋네.
나 그를 보고 싶어
새벽에 강과 관문을 넘었네.
길가 푸른 소나무를 지나
처마 끝에는 흰 구름들이 머무네.
나 일부러 찾아온 걸 알고

거문고 가져와 날 위해 타네.
먼저 「별학」을 타더니
나중엔 「고란」을 뜯네.
그대 거처에 머물고 싶네.
지금부터 날 추워질 때까지.

「별학」과 「고란」은 모두 고난 속에서도 지조를 지킨다는 내용의 곡들이다. 전자는 부부의 이별을 노래한 금곡(琴曲)이고, 후자도 짝을 잃어 외로우나 고결한 품성을 지닌 난새(鸞-)*를 노래한 금곡이다. 이처럼 궁빈과 절개를 지키는 선비들에 대한 사랑은 뒤에 「영빈사」로 이어진다. 그러나 6수에서는 그런 사랑에 회의한다.

짙푸른 계곡의 나무들
겨울이나 여름이나 한결같네.
해마다 서리와 눈을 견디니
누가 나무더러 세월을 모른다 하랴?
세상 사람들 말은 질리게 들었으니
임치(臨淄)로 가 친구를 사귀려네.
직하(稷下)에는 담론 선비들이 많으니
그들에게 가서 내 의혹을 풀려네.

* 중국 전설에 나오는 상상의 새. 모양은 닭과 비슷하나 깃은 붉은빛에 다섯 가지 색채가 섞여 있으며, 소리는 오음(五音)과 같다고 한다.

짐 챙긴 여러 날이 지나고
집사람과 작별 인사도 했네.
가려고 집 나서다 멈추고는
돌아와 앉아 또 생각하네.
길이 먼 것은 두렵지 않으나
남들이 속일까 두려울 뿐이네.
만일 그들과 뜻이 맞지 않는다면
영원히 세상에 비웃음을 받을 터.
가슴에 품은 심정 말하기가 어려워
그저 그대에게 시를 지어주네!

「걸식」

도연명의 50대는 그 전보다 더욱 빈곤했다. 그래서 걸식까지 하고 그것을 시로 쓴 「걸식」을 지었다. 이 시를 385년 20세에 지었다고 보는 견해(이성호, 79쪽)나 426년 61세 때 지었다고 보는 견해(김창환, 82쪽)가 있지만, 모두 믿기 어렵다. 그런 특정한 나이에 썼다고 볼 근거가 없기 때문이다.

굶주림이 나를 밖으로 내몰았지만
도대체 어디로 가야 한단 말인가!

가고 가다 이 마을에 이르러
문을 두드리고는 말을 더듬었네.
주인이 내 형편을 알아차리고는
먹을 것을 내주니 헛걸음은 아니었네.
날이 저물도록 담소를 나누고
술잔이 내게 오면 번번이 잔을 비웠네.
새 친구를 사귄 기쁨에 마음 즐거워
시 이야기하다 마침내 시를 지었네.
주모 같은 당신의 은혜 고마우나
내가 한신 같은 재주 없어 부끄럽구려.
마음 깊이 간직하지만 사례할 길 없으니
저승에 가서나 당신에게 갚아드리리다.

이 시는 걸식하는 시인에게 먹을 것과 술을 준 사람에게 고마움을 표하는 것이어서 '걸식'이라는 제목이 반드시 적절하다고는 볼 수 없다. 그 사람은 고관대작이나 사대부는 아니고 시인과 어느 정도 아는 지주 정도였을 것이다. 시에 나오는 주모와 한신은 『사기』 「회음후열전(淮陰侯列傳)」에 나오는 이야기로, 군사 전략가인 한신(韓信, ?~기원전 196)이 굶주렸을 때 밥을 챙겨주던 주모에게 이후 크게 보답하겠다고 한 고사를 언급한 것이다.

도연명의 만년 시 중에는 가난을 노래한 시가 많다. 그중 하나가 418년 53세 때 지은 「초나라 곡조의 원시를 지어 방주부와 등치중에게 보여줌(원시초조시방주부등치중, 怨詩楚調示龐主簿鄧治中)」이다. 방주부와 등치중이라는 두 친구에게 시를 지어 보여준 것이다.

하늘의 도는 깊고 아득하며
귀신의 일은 헤아릴 수가 없네.
머리 땋아 올리고 착한 일 생각하며
애써 온 세월이 54년이네.
스물에 세상 험한 일 만나고
처음 결혼한 짝을 잃었네.
불같은 볕은 타는 듯하고
명충과 물여우는 밭에서 우글거리네.
비바람이 마구 불어와
수확은 세금 낼 만큼도 차지 않네.
여름날에 진종일 배를 주리고
겨울밤에는 이불도 없이 잠을 자네.
저녁이면 새벽닭 울기를 기다리고
새벽이면 해지기를 바라네.

자신 탓이라 어찌 하늘이야 원망하랴만
이별의 수심에 물려 눈앞이 처량하네.
아아 이 몸 죽은 후의 명성이란
나에게는 뜬구름 같네.

원통하고 북받쳐 홀로 슬피 노래 부르나니
종기는 정말로 현명하였네.

위 시는 두 부분으로 나누어진다. 전반부 14행은 53세까지 겪은 고난을 회상하고, 후반부 6행은 고난에 대한 자신의 생각을 보여준다. 이 시는 특이하게도 처음에 나오는 전반부의 1~2행에서 결론을 말한다. 즉 하늘의 법과 귀신의 존재에 의문을 표하는 것이다. 이는 당대 중국인의 보편적인 믿음에 대한 거부이다. 이 결론이 시 전체를 관통한다.

이어 자신의 고난에 찬 삶을 간단히 말한다. 스무 살 때 세상은 혼란에 빠지고, 서른 살에 결혼했으나 아내가 죽어 가족은 불행에 빠진다. 그리고 자연재해가 반복된다. 끊임없는 가뭄과 벼명나방의 습격, 거센 바람과 폭우가 땅을 뒤덮어 농사를 망치고, 추위와 배고픔에 시달리게 된다. 가난의 요인이 흉년임을 말한다. "명충(螟蟲)*과 물여우는 밭에서 우글거리네."라는 구절이 흉년임을 보여준다. 이러한 참혹한 현실은 행운과 불운을 좌우하는 천상의 법칙과 정령이 없음을 보여준다. 그의 비판은 자연과 귀신을 겨냥한 듯 보이지만, 실제로는 당시의 어두운 사회와 인류의 운명을 좌지우지하는 부패한 지배계층을 겨냥하고 있다. 이는 도연명이 그의 초기 시에서 자연에 만족하고 자신의 운명을 안다거나, 가난에 안주하고 도를 즐

---

* 명나방과의 곤충을 통틀어 이르는 말이다.

긴다는 고상한 정서에서 벗어났음을 뜻한다.

 그래서 후반부 6행에서 시인은 분노하면서 가난과 황폐의 책임이 자신에게 있다고 말한다. 운명이나 인간적인 요인을 탓할 수 없다. 모든 시대의 성현들은 사람들에게 덕을 닦고 공적을 쌓고 말을 남겨서 역사에 이름을 남기라고 가르치지만, 시인에게는 모두 지나가는 구름처럼 하찮은 것들이다. 시인은 자신의 슬픔을 표현할 뿐, 다른 바람은 없다. 종기처럼 자신을 이해해 주는 두 명의 친구가 있어서 기쁘고 자랑스럽다.

 마지막 구절에 나오는 종기(鍾期)는 춘추시대 초나라 사람으로 종자기(鍾子期)라고도 한다. 열자당문(列子唐文)에 "백야가 금(琴)을 연주할 때 그의 마음은 산에 이끌렸다. 종자기가 '태산처럼 웅장하다'고 말했고, 흐르는 물에 마음이 이끌리자 '넓은 강물처럼 넓다'고 말했다. 자기가 죽은 후, 백야는 자신을 이해해줄 사람이 없다고 생각하여 금(琴)을 끊었다." 도연명은 종기처럼 영혼의 동반자인 방주보와 등지중이 이 '슬픈 노래'의 의미를 이해했기에 기쁘고 자랑스럽다는 마음을 드러낸다.

 이는 단순히 우정의 예찬이 아니라, 극심한 고통과 괴로움 속에서도 흔들리지 않는 결의, 항복하기보다는 죽음을 택한 그의 의지를 보여준다. 그는 아무리 가난해지더라도 다시는 관리가 되지 않고, 어두운 상류층의 부패에 휘말리지 않겠다고 다짐한다. 그러니 사후의 명예 따위야 떠도는 구름 같은 것일 뿐이다. 시인은 굶주리지만 관료 생활로 돌아가지 않고 구걸을 택한다. 그런 가난 속에서도 도연명은 죽을 때까지 농사를 계속했다.

「깨닫는 바가 있어 짓다」

가난에도 불구하고 전원생활을 계속한다는 결의를 보여주는 또 한 편의 시가 「깨닫는 바가 있어 짓다(유회이작有会而作)」이다. 426년 도연명 61세에 지었다. 서문에서 시인은 다음과 같이 말한다.

> 작년의 곡식은 이미 없어졌고,
> 올해 곡식은 아직 등장하지 않았네.
> 자못 늙은 농부가 되어
> 흉년을 만났네.
> 앞날은 아직 멀고
> 우환이 그치지 않네.
> 일 년의 수확은 이미 바랄 수 없고
> 조석을 근근히 이어가다
> 열흘 전부터는 굶주림을 염려하네.
> 한 해도 저물어 가고 슬픔에 젖어
> 길게 탄식하고 회포를 노래하네.
> 지금 내가 말하지 않으면
> 후생이 어찌 알겠는가!

시를 읽어보자.

어렸을 때 집이 가난하였고
늙어서는 더욱더 오래 굶주렸네.
콩과 보리도 실로 부러운 바이고
어찌 감히 달고 기름진 음식을 바라랴?
배고픔이야 한 달 아홉 끼 먹은 자사에 뒤질까?
무더위에도 겨울옷만 질리게 입었네.
세월 흘러 한해가 다 저무는데
얼마나 괴롭고 슬펐던가?
죽을 주는 검오의 마음 선한데
옷깃으로 얼굴을 가리고 거절한 이는 심히 안타깝네.
던져주는 음식이 무슨 원망할 일인가?
스스로를 망쳐 헛되이 굶어 죽지 않았는가?
이 사람이 넘치는 행동하길 내가 바랐으랴?
가난에도 굳센 지조를 늘 지켰기 때문이리라.
굶주림에도 기꺼이 생을 버렸으니
예로부터 나에게는 스승이 많았네.

시인은 가난과 비천함에 괴로워하지 않는다. 오히려 삶의 고난에 직면했을 때, 그는 삶을 더욱 소중히 여긴다. 그는 육체적인 면과 정신적인 면 모두에서 삶의 존재를 파악한다. 육체적인 면은 9행의

"죽을 주는 검오"부터 12행의 "헛되이 굶어 죽는"까지 4행으로 표현된다. "죽을 주는 검오"란 『예기(禮記)』 단궁(段功)에 나오는 제(齊)나라의 기근에 대한 이야기다. 검오(黔敖)가 길에서 죽을 나눠주고 있는데 배고픈 사람이 소매를 가린 채 왔다. 검오가 "와서 먹으세요!"라고 권했으나 배고픈 사람은 음식을 거부하고 죽었다. 시인은 음식을 베푼 사람의 의도를 긍정하고 배고픈 사람의 행동을 비판한다.

이는 장자가 『장자』「편목」에서 "몸을 지키고 목숨을 보전한다."를 주장하며 "물질적 이익을 위해 자신을 위험에 빠뜨리고 목숨을 희생하는 것"에 반대했음을 연상하게 한다. 장자와 마찬가지로 도연명은 인간의 생명과 본성은 명예나 재물과 같은 외적인 것에 예속되어서는 안 되므로, 단순한 명예나 불명예를 위해 자신의 생명을 쉽게 희생하는 것은 용납될 수 없다. 혹독한 외부 환경이 인간을 가장 비천하고 초라한 수준으로 떨어뜨릴 때, 개인의 생명의 소중함을 강조하는 것은 약자에게 정신적 지주이자 자기방어의 무기가 될 수 있다. 시인은 여기에서 고통을 이겨낼 용기를 얻는데, 이는 긍정적인 의미를 지닌다. 그러나 시인도 동정심에서 음식을 받는 것을 옹호하지는 않았다.

위 시에서 '넘치는 행동'이란 『논어』「위령공」 편에서 "군자는 곤궁을 굳게 지키나니, 소인은 곤궁하면 넘치는 행동을 한다."는 말에서 나온 것이다. 마지막 행의 "스승이 많았다"의 뜻은 뒤에 「영빈사」로 이어진다.

들판에 있는 도연명.

「영빈사」

「영빈사(詠貧士)」란 '가난한 선비를 노래하다.'는 뜻이다. 7편의 시가 독립적으로 절개가 높고 가난했던 선비들을 인용하여 도연명 자신을 비유한다. 즉 시인의 가난과 욕망에 대한 만족, 명예와 부에 대한 무관심을 표한다.

1수와 2수에서는 자신의 고결함과 가난했음을 말하고, 3수에서는 영계기와 원헌(原憲), 4수에서는 검루(黔婁), 5수에서는 원안(袁安)과 완공(阮公), 6수에서는 장중울(張仲蔚), 7수에서는 황자렴(黃子廉)의 가난함을 자신과 비유하였다.

1수에서 시인은 '외로운 구름'과 '뒤처진 새'를 자신에게 비유하여 외롭고 무력한 처지와 운명을 상징하고, 고결한 청렴함을 지닌 시인의 고귀한 염원을 표현한다. 그는 선비였지만 남보다 늦게 벼슬을 시작하고 남보다 빨리 그만두었다. 그러나 시인이 힘껏 옛길을 지켜 "벼슬을 그만두고 세상으로부터 은둔하는 것을 선택한 것은 바로 그의 물질적, 정신적 조건, 즉 '추위와 굶주림'과 '영혼의 동반자 없음'"으로 이어진다.

만물은 저마다 기댈 곳이 있으나
외로운 구름은 의지할 데가 없네.
아득한 공중에서 사라져 없어지니
언제 남은 자취 볼 수 있으랴.

아침놀이 밤안개 열고 비칠 때
새들은 서로 짝지어 날아가네.
뒤처져 숲을 나선 새 한 마리
저녁도 되기 전에 되돌아오네.
힘껏 옛길을 지킨 선비는
어찌 추위에 떨고 굶주리지 않겠는가.
나의 시를 알아주는 사람이 없으니
두어라, 슬퍼해 무엇하리.

2수에서는 가난 자체를 생생하게 그리면서 과거의 영혼의 동반자를 찾아 위로를 구한다.

차가운 한 해 끝자락에
거친 베옷 껴입고 처마 앞에서 햇볕을 쬐네.
남쪽 밭에는 남은 푸성귀 없고
북쪽 밭에는 메마른 가지만 가득하네.
술병 기울여도 남은 술 한 방울 없고,
부엌을 봐도 연기조차 없네.
시서(詩書)는 자리 곁에 가득하나
날 저물도록 연구할 겨를이 없네.
한가한 삶은 공자가 진(陳)에서 당한 재난과 다르니
자로가 노여워 뵙고 올린 말이 맘속에 생겨나네.

어떻게 나의 마음 위로할까?
지난날 수많은 현인에 의지하네.

'공자가 진에서 당한 재난'이란 『논어』「위형공편(衛靈公篇)」에 나오는 다음 이야기를 말한다. 공자가 진나라에 있을 때, 먹을 것이 떨어지고 제자들이 병들어 아무도 일어나지 못하니, 자로가 근심하여 공자에게 "군자가 가난할 수 있습니까?"라고 묻자, 공자가 "군자는 가난할 때가 있지만 그것을 지키는 데 반해, 소인은 가난하면 바로 방탕해진다."라고 말했다는 것이다.
3수 이하에서는 자신이 의지할 현인들의 빈곤을 다양한 관점에서 노래하며 빈곤 속에서도 굴하지 않는 그들의 정신을 보여준다. 3수는 영계기와 원헌에 대한 존경을 노래하며 가난에 대한 만족과 부귀에 대한 무관심이라는 시인의 고귀한 품성을 보여준다.

영계기는 늙은 나이에 새끼줄로 허리띠를 하고
즐겁게 거문고를 탔다네.
원헌(原憲)은 해진 신발 신은 채
맑은소리로 상송(商頌)을 불렀다네.
순임금의 시대는 나와 오래 떨어졌고,
가난한 선비는 대대로 이어졌네.
옷깃은 낡아 팔꿈치를 가리지 못하고,
명아주 국도 항상 마시기 부족했네.

어찌 가벼운 모피 옷 껴입을 줄 몰랐겠는가?
구차히 얻는 것은 바라지 않았다네.
자공(子貢)은 단지 말이 뛰어났을 뿐
가난을 즐기는 내 마음 알지 못하리.

도연명은 청빈한 영계기를 좋아했다. 영계기와 함께 노래한 원헌은 공자 제자들 가운데 가장 가난한 사람이었다. 『장자』에 의하면 그의 집은 겨우 발을 뻗을 정도로 아주 작은 한 칸의 움집 방에, 생풀로 이엉을 엮어 지붕을 하였고, 쑥으로 얽어 만든 문은 부실하기 짝이 없었다. 뽕나무로 지도리를 만들었으며, 깨진 항아리로 들창을 낸 방이 둘이었으나, 누더기 갈옷으로 창을 막을 정도였다. 위에서는 언제나 비가 새고 바닥은 젖어서 눅눅했다. 그런데도 원헌은 바르게 앉아 거문고를 타며 즐거운 인생을 보냈다.

어느 날 공자의 제자 가운데 가장 이재에 밝았던 자공(子貢)이 원헌을 찾았다. 자공이 탄 헌거(軒擧), 즉 대부 이상 신분의 사람이 타는 크고 훌륭한 마차는 원헌이 사는 좁은 골목에 들어갈 수 없었다. 자공은 하는 수 없이 마차에서 내려 원헌을 찾아갔다. 그때 원헌은 자작나무 껍질로 만든 화산관을 쓰고 발뒤축이 없는 신발을 신고 명아주 지팡이를 짚고 문 앞에서 자공을 맞았다.

원헌의 행색을 보고 자공은 느닷없이 "선생은 정말 심하게 병들고 쇠약해져 있군요?"라고 나무라듯이 말했다. 그러자 원헌은 "재산이 없는 것을 가난이라 하고, 배우고도 실천하지 못하는 것을 병이라고 합니다. 지금 나는 가난한 것이지 병든 것이 아닙니다."라고 답했다. 자공이 부끄러워하자 원헌이 웃으며 말을 이었다.

대저 세상의 평판이 좋기를 바라면서 행동하고, 끼리끼리 작당하여 벗이 되며, 학문은 남에게 자랑하기 위해서 하고, 남을 가르치면서 자기의 이익만 좇으며, 인의를 빙자하여 악한 짓을 일삼고, 수레나 말이나 장식하는 짓은 나는 할 수가 없습니다.

4수에서는 도교의 은둔자인 검루(黔婁)를 노래하며 가난에 대한 만족과 진리에 대한 고결함을 보여준다. 전국시대 제나라와 노나라의 군주들이 검루에게 관리로 임명되라고 권했지만, 그는 항상 거절했다. 그의 집은 극도로 가난했고, 그는 담요도 없이 죽었다. 그의 아내도 그와 마찬가지로 '가난을 즐기며 덕행을 닦았다.'

가난하고 비천함에 만족하고 도를 지킨 이
예부터 검루라는 사람이 있었네.
높은 벼슬도 연연하지 않고
후한 선물도 받지 않았네.
수명이 다해 세상 떠난 뒤
해진 옷은 시신조차 두를 수 없었네.
어찌 그가 가난의 고통을 몰랐겠는가?
도(道)가 아니라서 걱정하지 않았네.

그 후 천년이 지났건만
다시는 이런 사람 보지 못했네.
아침에 인의와 더불어 살면
저녁에 죽은들 다시 무엇을 바라겠는가!

전한의 유향(劉向, 기원전 77~6)이 편찬한 『열녀전(列女傳)』에 의하면 검루가 죽자 증자와 그의 문하생들이 조문을 갔는데, 그들이 마루에 오르니 시신을 덮은 천이 몸 전체를 덮지 못하는 것이 보였다는 것이다.

5수에서는 가난함을 즐겼던 한나라의 원안(袁安)과 완공(阮公)을 노래하며 그들의 성실함과 가난을 기꺼이 받아들이고 진리를 수호하려는 의지를 인정한다.

원안은 쌓인 눈에 갇혔어도
초연히 남에게 구걸하면 안 된다고 했네.
완공은 뇌물이 들어오는 것을 보고
그날로 관직에서 물러났네.
완공은 짚 위에 잠을 자도 늘 따뜻했고
토란을 캐어 아침밥으로 먹었네.
어찌 실로 고생스럽지 않았겠냐만
두려운 것은 배고픔과 추위가 아니었네.
빈천과 부귀가 늘 서로 싸워도

도(道)가 이겨 슬픈 모습이 없었네.
지극한 덕은 나라 안에 으뜸이고
청렴한 절개는 서관(西關)을 비추었네.

원안(袁安)은 동한(東漢)의 대신(大臣)이었다. 『여남선현전』에 의하면 그가 벼슬길에 나아가지 않고 낙양에 살던 때에 눈이 많이 내려 굶주리게 되었는데, 원안은 집에 혼자 틀어박혀 잠을 잤다. 낙양현령이 원안의 집 앞에 눈이 치워져 있지 않은 것을 발견하고는 굶어 죽은 사람이 있을지도 모른다는 생각에 눈을 치우고 집 안으로 들어갔다. 현령은 꽁꽁 언 채로 누운 원안에게 왜 밖으로 나가 먹을 것을 구하지 않느냐고 물었다. 그랬더니 원안은 "큰 눈으로 사람들이 모두 굶는데 밖에 나가면 폐를 끼치게 된다."라고 대답하였다. 이에 감복한 현령은 원안을 '효렴(孝廉)'으로 천거하였다.
6수에서는 한나라의 장중위(張仲蔚)를 찬양한다.

장중위는 궁벽한 삶을 즐겼고
쑥대가 길게 자라 집을 둘러싸고 있었네.
세상과 왕래를 끊고 종적을 감췄으나
시 짓는 것은 자못 능하였네.
온 세상에 알아주는 이 아무도 없고
오직 유공(劉龔)만이 그의 사람됨을 알아주었네.
이 선비는 어찌 이리 유별난가?

그와 같은 인물은 드물다.
강직하게 자기 뜻에 만족하니
그 즐거움은 빈궁에도 영달에도 있지 않았네.
나는 본래 세상 사람과 교제가 능숙치 못해
그저 길이 그의 길을 따르길 바랄 뿐이네.

시에 나오듯이 장중위는 유공이 알아주었지만, 도연명은 그 누구도 알아주지 않았다. 『명사전』에 따르면, 그는 "관직을 피하고… 특히 시와 산문에 뛰어난 문필가였다. 그는 종종 가난하고 소박하게 살았으며, 잡초와 외딴곳에 둘러싸여 살았다. 그는 명예와 부에 아랑곳하지 않고 은밀히 인격을 수양했다. 당시 그를 아는 사람은 유공뿐이었다."

7수는 황자렴(張仲蔚)을 찬양하며 자식 걱정에도 불구하고 가난 속에서도 굳건히 버티는 그의 결의를 스스로에게 격려하는 시로 표현한다.

옛날 황자렴은
벼슬길에 나서서 이름난 고을을 다스렸네.
하루아침에 관직을 그만두고 고향으로 돌아오니
청빈함으로는 비할 자가 없었네.
흉년 들자 어진 아내가 탄식하며
그를 붙잡고 눈물을 흘렸다네.

대장부 비록 뜻이 있다 해도
진실로 처자식 걱정한다네.
혜손(惠孫)이 그를 만나 탄식하여
후한 재물을 보냈지만 끝내 받지 않았네.
그 누가 곤궁함을 견디기 어렵다고 했던가?
아득한 선현을 따라야지.

황자렴은 동한(東漢)의 유학자로 남양태수를 지냈으나 사직하고 시골에 은거했다. 도연명은 황자렴의 이야기를 빌어 처자식에 대한 사랑을 말한 것이다.

8장

도화원, 농사꾼 아나키스트의 유토피아

완적의 「대인선생전」

도연명의 도화원을 살펴보기 전에 그 선구적인 글인 「대인선생전(大人先生傳)」(257년)에 대해 간단히 알아보자. 이 글을 쓴 완적은 중국 삼국시대 위나라 말의 시인으로 혜강과 함께 죽림칠현의 중심 인물이었다. 40세 이전까지는 유교인이었으나, 40세 이후 사마씨 정권의 찬탈을 목격하면서 유교를 비판하고 노장에 기울었다. 완적은 위나라 말기에 동평상으로 임명되어 부임하자마자 관청의 담을 허물어 안이 훤히 보이도록 하였다. 그 덕분에 백성들은 관청을 두려워하지 않고 가까이할 수 있었고, 그의 명성도 크게 높아졌다. 그러나 도연명과는 달리 그는 죽을 때까지 벼슬길을 떠나지 않았다.

한나라 이후 도교의 아나키즘적 측면을 다시 강조한 최초의 인물인 그는 국가의 권위에 공개적으로 도전한 적은 없지만, 생애 후반에 한 권의 위대한 시적 수필인 「대인선생전」을 지었다. 그 글에서 창세 이래로 살았다고 추정되는 이름 없는 허구의 인물이, 전형적인 유교 신사가 보낸 편지에 답장을 보내는데, 그 편지는 대인 선생의 파격적인 행실에 대한 비난으로 가득 차 있었다.

그 글에서 어질고 의리를 지켜야 한다고 떠드는 무리를 "바지 혼솔에 숨은 이 새끼"라고 경멸한 대인은 관습에 대한 무자비한 공격과 동시에 아나키즘적 자유에 대한 열광적인 찬사를 보낸다. 대인은 노자와 장자의 유토피아적 공동체가 모든 사람이 조화롭고 순수하며 육체적으로 평등하게 살았을 때를 설명하면서 "임금이 없어도 온갖 것들이 안정되었고, 신하가 없어도 온갖 것들이 잘 다스려졌다."라고 한다.

대인은 이어서 부자와 가난한 자, 강자와 약자 간의 계급 차이를 포함하여 특정되지 않은 수단으로 사회에 인위성이 도입되었다고 말한다. 그런 다음 정부가 생겨나 가장 큰 불행을 초래하고, 여러 파벌이 권력을 위해 서로 싸우면서 큰 혼란을 일으켰다. 완적은 위(魏)와 진(晉)의 파벌 투쟁에서 자신들의 유리한 입장에서 사회적 혼란의 기원이 경쟁하는 제국 간의 권력 투쟁에 있다고 결론 내리고, 모든 정부에 반대하고 무정부 상태를 옹호한다. 장자를 따라 완적은 성인의 본성은 본질적으로 도적의 본성과 같고, 정부의 본성은 압제와 같다고 설명한다.

임금이 세워진 뒤에 폭정이 일어나고, 신하가 세워진 뒤에는 도적이 생겨났다. 그들이 앉아서 예의와 법을 제정하는 것은 다만 보잘것없는 백성을 얽어매기 위함일 뿐이었다.

통치자들은 부와 권력을 좇아 사람들에게 나쁜 본보기를 보였고, 그 결과 정부가 수립된 뒤에야 범죄와 반란이 발생하며 백성들의 부가 고갈되었다. 자비와 예의로 질서를 보장한다는 유교 사상과 법률을 표준화해 질서를 강제한다는 법가 사상은 결국 "군자의 예와 법은 해로운 강도를 낳고, 혼란을 일으키며, 세상에 죽음을 초래하는 기술에 불과하다."라는 결론으로 귀결된다.

이 글은 정부의 기원을 명확히 밝히지는 않지만, 정부가 '도(道)'에서 어떻게 유래했는지를 좀 더 분명하게 보여준다. 이는 서양 아나키스트들이 공동체적이고 평화로운 본성을 지닌 인간 사회에서 정부가 어떻게 생겨났는지를 설명하는 방식과도 비슷하다. 노자와 장자의 사상에 뿌리를 둔 완옹은 정부가 철학적으로 정당화될 수 없을 뿐 아니라 실제로 해롭고 역효과만 낳는다고 보았다. 정부는 자연스러운 산물이 아니라, 부와 권력을 정당화하려는 사람들이 인위적으로 만든 장치에 지나지 않는다. 그는 권력을 쥔 통치자와 현자를 도둑에 비유하면서도 현자들이 처음 정부를 세운 것은 의도된 행위가 아니라 어쩌면 실수였다고 여긴 듯하다.

게다가 대옹은 범죄를 프루동(Pierre-Joseph Proudhon, 1809~1865)에서 크로포트킨(Peter Kropotkin, 1842~1921)에 이르는 서구의 아나키스트들처럼 단순히 억압에 대한 반응으로만 보지 않고, 부와 권력으로 인한 백성의 부패로 이해했다. 따라서 그의 사상은 노골적으로 아나키즘적 성격을 띠지만, 동시에 통치자와 신민 모두를 선의에서 비롯된 존재로 보면서도 이들이 '몰락의 경향'에 '잠재적으로 취약하다'는 점을 지적하는 데 그쳤다는 점에서 노자의 한계에 머물러 있다. 또한 완적은 정부가 수립되면 반란이 불가피하다고 주장했지만, 이를 혁명의 정당화로 삼지 않고 불행한 사태로 그렸다. 다시 말해 그는 바쿠닌(Mikhail Bakunin, 1814~1876)처럼 폭력적 혁명을 노골적으로 옹호하지는 않았다. 그럼에도 완적의 시에는 분명 국가에 대한 아나키즘적 이론이 담겨 있다.

완적이 죽은 뒤 신(新)도가 운동은 귀족의 게으른 아들들에게 받아들여지면서 '자유에서 방탕으로' 기울기 시작했다. 동시에 진지한 신도가 철학자들은 사마의 반동이 불가피하고 돌이킬 수 없는 승리임을 확인하고, 정부가 자연과 합치한다는 논리를 다시 내세우기 시작했다.

도화원

앞에서 보았듯이 젊은 시절, 도연명은 유교가 사회구제의 유일한 희망이라고 보았지만, 그것은 분서갱유로 실패했다고 판단했다. 그 뒤로는 과거의 성현은 없이 경전과 문헌을 지키는 유생인 '세심한 여러 원로'만이 남았다. 「도화원시」에 나오는 중도는 장안과 낙양

일대로 주나라의 옛 지역이어서 도연명이 그리워한 곳이다. 유유가 진나라를 정벌하고 장안을 격파하자 강주좌사가 양장사를 보내어 이를 축하했다. 도연명은 그에게 시「중양장사」를 써서 증정했다. 이 시에서 도연명은 삼대 후에 태어났음을 개탄하고, 순임금을 그리워함으로써 그 시대에 대한 관심을 보여준다. 또한 그는「선상화찬」에서 자신이 좋아하는 인물들을 열거한다. 농사를 모르는 공자를 비판하고 농사꾼들을 찬양한다. 바로 장저와 걸익, 오릉증자 등이다.

도연명은 유가에도 불교에도 전적으로 기대지 않았다. 성현의 말보다 더 먼 과거, 아직 정치와 제도가 굳건히 세워지기 전의 세상에 마음을 두었다. 그곳이 바로 도화원이다. 도연명은 인간의 본성이란 본래 순박하다고 보았다. 그러나 세월이 흐르면서 지혜와 계책이라는 이름의 술수가 정치를 지배했고, 공자와 같은 성현이 잠시 순박함을 되살렸지만 오래가지는 못했다고 생각했다. 결국 진나라에 이르러 악폐가 절정에 달했을 때, 도화원으로 숨어든 사람들만이 본래의 삶을 이어갈 수 있었다고 시에서 그렸다.

도화원의 풍경은 단순하다. 세금도, 징발도, 전쟁도 없는 세상. 누가 위에 서서 명령하지 않아도 서로의 삶이 어긋나지 않는다. 관습과 협동만으로 공동체가 이어지는 모습은 오늘날 우리가 말하는 아나키즘과 닮았다. 물론 도연명이 체계적인 사상가로서 아나키즘의 원리를 세운 것은 아니다. 그가 보여주는 것은 제도라기보다 정서이고, 체계라기보다 시인의 상상이다.

전한 초기, 오계동만(五溪峒蠻)에 무릉군이 설치되었다. 무릉군은 후베이성, 쓰촨성, 구이저우성이 교차하는 곳이다. 이와 유사한 지역으로 인도차이나반도(Indochina Peninsula) 북부(베트남 북부 및 라오스 전체), 태국과 미얀마 국경지대에 있는 샨고원(Shan Hills, Shan Highland), 중국 운남성(雲南省) 산간 지역을 '조미아(Zomia)'라고 한다. 그곳을 제임스 스콧(James Scott, 1936~2024)은 "협곡 왕국들로부터 '우리의 살아 있는 조상', '수전경작(水田耕作), 불교, 문명을 발견하기 전 우리의 모습'이라고 여겨진(고지 민족이지만, 실제로는 이와는 달리), 노예제, 징병제, 징세, 요역, 전염병, 전쟁 등 협곡 내 국가 재건 프로젝트가 주는 압박으로부터 2천 년 동안 도망쳐 온 도망자(runaway), 피난자(fugitive), 무인도에 버려진 자(maroon)들의 공동체"라고 한다.*

도화원을 조미아와 같은 역사적 실체로 연결하는 데엔 무리가 있을지 모른다. 하지만 "국가의 손길이 닿지 않는 자리에서 사람들이 스스로 꾸려가는 삶"이라는 점에서, 도화원과 조미아는 공명한다. 어쩌면 도화원은 도연명이 보여줄 수 있는 방식으로 표현된 작은 조미아였는지도 모른다. 그곳에서 우리는 권력의 그림자가 사라진 자리, 인간이 스스로 삶을 가꾸어가는 자생적 공동체의 환영을 본다. 이때 도화원은 아나키즘의 언어로 다시 읽힐 수 있지 않을까?

---

* 제임스 C. 스콧, 이상국 옮김, 『조미아, 지배받지 않는 사람들 : 동남아시아 산악지대 아나키즘의 역사(The Art of Not Being Governed: An Anarchist History of Upland Southeast Asia)』, 삼천리, 2015, 서문.

「도화원기」

422년 57세의 도연명이 그린 도화원 이야기에는 기(記)도 있고 시(詩)도 있다. 서로 다른 문체이지만 기가 주이고 시는 부에 해당한다.「도화원기(桃花源記)」에 그려진 유토피아를 보자. 그것은 다음과 같이 시작한다.

진나라 태원 연간에 무릉 사람으로 고기잡이하는 사람이 있었다. 하루는 물길을 따라가다가 길을 잃었다. 홀연히 복숭아꽃 숲이 눈앞에 나타났다. 양쪽 강을 끼고 수백 보의 거리에 온통 복숭아나무뿐이며 다른 잡목은 하나도 없었다. 또한 향기로운 풀들이 싱싱하고 아름답게 자랐고 복숭아 꽃잎이 바람에 날려 떨어지고 있었다. 어부는 이상하게 여겨 계속 앞으로 나가 복숭아 숲 끝에 무엇이 있는지 알고자 했다. 숲은 강 상류에서 끝났고 그곳에 산이 있었으며, 산에는 작은 동굴이 있고 그 속으로 희미하게 빛이 보였다. 어부는 배에서 내려 동굴 속으로 들어갔다. 동굴은 처음에는 몹시 좁아 간신히 사람이 통과할 수 있었으나 수십 보를 더 나가자 갑자기 탁 트이고 넓어졌다.

진나라 태원 연간, 그러니까 376년에서 396년 사이의 일이다. 이 시기는 도연명이 막 사춘기를 지나 청년으로 성장하던 시기, 대략 열한 살에서 서른한 살까지에 해당한다. 그러니 도화원의 이야기는 먼 옛날의 고사가 아니라 그가 몸소 겪고 바라본 세상 속에서 싹튼 상상력의 산물일 수 있다. 어부가 배를 저어 들어갔던 무릉은 호남성 동정호 서쪽에 자리한다. 도연명의 고향과는 직선거리로 360킬로미터쯤 떨어져 있으니, 완전히 동떨어진 장소라기보다는 충분히 전해 들을 만한 거리에 있다. 이런 사실은 도화원의 이야기가 단순한 환상이 아니라, 당시 현실에 대한 비판이나 풍자의 성격을 품고 있음을 짐작하게 한다.

이야기는 별안간, 한 어부가 복숭아 숲의 이계(異界)를 발견하면서 시작된다. 중국에서 복숭아는 오래전부터 행복과 장수, 사랑과 번영, 다산의 상징이었다. 그러니 복숭아 숲으로 열리는 또 다른 세계는 단순한 풍경이 아니라 도연명이 바랐던 삶의 가치와 희망을 함축하는 상징 공간이 된다. 이제 눈 앞에 펼쳐지는 도화원의 광경은, 그가 어떤 세계를 그리워했는지를 우리에게 보여주는 무대가 된다.

땅은 평탄하고 넓고, 집들이 반듯하게 늘어섰으며, 기름진 논밭과 아름다운 연못, 뽕나무와 대나무 숲이 우거져 있었다. 논밭과 두렁이 서로 이어지고, 닭과 개 우는 소리가 들려왔다. 이 마을에서 오가며 농사를 짓는 남녀의 옷차림은 다른 고장 사람들과 같았고, 누런 머리 노인이나 더벅머리 아이나 다들 즐거운 듯 안락하게 보였다.

도화원에 들어선 사람의 눈 앞에 펼쳐지는 풍경은 화려하지 않다. 대궐 같은 집들이 아니라 소박한 농가들이 반듯하게 줄지어 서

도화원의 여름.

있을 뿐이다. 그 주변에는 논과 밭, 작은 연못, 그리고 중국 어느 시골에서나 흔히 볼 수 있는 뽕나무와 대나무 숲이 자리한다. 특별한 장식도, 눈길을 잡아끄는 웅장한 건축도 없다. 그러나 바로 그 평범함이야말로 오히려 특별하다. 전란으로 황폐해진 당대의 현실과 달리, 이곳은 오랫동안 본래의 시골 풍경이 변함없이 보전된 세계이기 때문이다.

사람들의 모습 또한 마찬가지다. 기록에 따르면 남녀의 옷차림이 "다른 고장 사람들과 같았다."고 한다. 여기서 '다른 고장'은 흔히 외국인으로 번역되기도 했지만, 굳이 그렇게 볼 필요는 없다. 오히려 중국 내 다른 지방 사람들과 다르지 않았다는 뜻으로 이해하는 편이 자연스럽다. 즉, 도화원 사람들은 낯설거나 이질적인 이들이 아니라, 우리 곁의 평범한 농민들일 수도 있다. 그렇기에 도화원은 환상 속 별세계이면서도 동시에 우리가 잃어버린 일상의 고향처럼 다가온다.

사람들은 어부를 보자 크게 놀라 어디서 왔느냐고 물었다. 어부가 자세히 대답하자 그들은 어부를 집으로 데리고 가서 술을 내고 닭을 잡아 대접했다. 다른 마을 사람들도 어부가 왔다는 말을 듣고 와서 저마다 물었다. 집주인이 "우리 선조가 진나라 때의 난을 피해 처자와 마을 사람들을 이끌고 이 절경으로 와 다시 나가지 않았으므로 결국 바깥세상 사람들과 단절됐습니다."라고 말했다.
그리고 지금이 어느 때냐고 묻는 것을 보니, 그는 한나라가 있었다는 것은 물론이고 그 뒤로 위나라와 진나라가 있었다는 사실도 몰랐다. 어부가 지난 역사를 하나하나 자세히 이야기해주자 모두 놀라며 탄식했다. 다른 사람들도 저마다 어부를 자기 집으로 초대해서 술과 밥을 대접했다. 어부는 며칠을 묵은 후 작별하고 떠났다. 마을 사람들이 "바깥세상 사람들에게 말하지 마십시오."라고 했다.

"닭을 잡아 대접한다."는 장면은 겉으로는 소박해 보이지만, 사실은 귀한 손님을 맞이하는 가장 정성스러운 풍습이었다. 중국에서도 한국에서도 닭은 일상적으로 쉽게 잡아먹는 음식이 아니었기 때문이다. 이에 대한 가장 오래된 기록으로 『논어』「미자」편을 들 수 있다. 노인이 자로를 집으로 데려가 하룻밤 묵게 하면서 닭을 잡고 기장밥을 지어 대접하고, 두 아들을 불러 인사까지 시킨 대목이 바로 그것이다. 그러니 도화원 사람들이 어부를 맞아 닭을 잡는 장면은 낯선 이를 존중하며 기꺼이 공동체 안으로 받아들이는 태도의 상징으로 보인다.

또한 이야기 속에서 도화원 사람들이 진나라 때 이곳으로 들어왔다고 말하는 것은, 그들의 거주가 이미 오백 년 가까이 이어져 왔음을 뜻한다. 세상과 단절된 채 수백 년을 살아온 이들이 어부에게서 바깥 역사를 듣게 되었을 때, 모두가 놀라며 탄식하는 장면은 의미심장하다. 그것은 단순한 무지의 반응이 아니라, 도연명 자신이 바라본 중국사의 흐름—특히 진 이후의 역사를 어둡고 불행한 것으로 본 시선—과 겹친다. 결국 도화원의 사람들은 역사의 비극을 피한 이들, 그러나 동시에 역사의 타락을 새삼 되짚어 깨닫게 되는 거울 같은 존재로 그려진다.

어부는 마을을 벗어나 배를 얻어 타고 돌아오는 길에 여러 군데 표식을 했다. 무릉군 성내에 이르자 태수를 찾아 그대로 보고했다. 태수는 즉시 사람을 파견하여 어부가 표식한 곳을 찾아가게 했으나 결국 길을 잃고 도화원으로 통하는 길을 찾지 못했다. 남양*의 유자기는 고결한 은사였다. 그 소리를 듣고 기꺼이 찾아가 보려 했으나 찾지 못하고 병들어 죽었다. 그 후로는 뱃길을 찾는 사람이 다시 없었다.

도화원을 향한 길은 언제나 막혀 있었다. 당시의 행정 체제로 보면, 현 위에 군이 있었고 그 군을 다스린 이는 태수였다. 태수의 명령으로 사람들을 보내 도화원을 찾으려 했지만 끝내 발견하지 못한다. 이는 단순히 길을 잃었다는 뜻이 아니다. 권력의 눈과 손길로는 결코 닿을 수 없는 세계라는 사실을 보여준다. 도화원이 지금까지 명맥을 이어올 수 있었던 것도 바로 권력을 거부했기 때문일 것이다. 그래서 도화원은 반권력의 땅이며, 유토피아는 오직 권력 바깥에서만 가능하다는 역설을 담는다.

  이 점에서 도화원은 플라톤(Platon, B.C.428?~B.C.347?)의 『국가』나 토마스 모어(Sir Thomas More, 1478~1535)의 『유토피아』와는 전

---

* 하남성 남양시.

혀 다른 결을 지닌다. 플라톤과 모어의 세계는 정교한 제도와 권력의 장치를 통해 유지되는 유토피아였지만, 그런 이유로 오히려 디스토피아적 면모를 띤다. 반면 도화원은 권력을 부정함으로써 비로소 진정한 유토피아로 자리잡는다.

이야기의 마지막에 잠깐 등장하는 유자기는 진나라 태원 연간에 살았던 은사로, 태수와는 대조적인 인물처럼 보인다. 하지만 아이러니하게도 그 역시 도화원에 들어갈 수 없다. 도연명의 눈에, 관료든 은사든 모두 당대의 세속에 속한 인물일 뿐, 도화원에 발을 들여놓을 자격은 없었기 때문이다. 이상향은 권력의 손아귀에 있지도, 속세의 명망가에게도 허락되지 않는다. 오직 세속의 바깥, 권력과 이름을 넘어선 자리에서만 도화원은 살아 있다.

「도화원시」

위의 「도화원기」는 다음에 나오는 「도화원시」를 이해하기 위한 설명이다.

진(秦)나라 폭정이 세상을 어지럽혀
현자들은 세상에서 몸을 숨겼다.

은둔자들*도 상산으로 갔지만
그들 역시 이곳으로 피해 왔더라.
은신해 갔던 발자국은 묻혀 사라지고
도화원으로 오던 길도 황폐해버렸다.
서로 도와 농사짓고
해가 지면 편하게 쉰다.
뽕과 대나무가 무성하고
콩과 기장을 철 따라 가꾼다.
봄엔 누에가 긴 실을 뽑아내고
가을엔 오곡이 익어도 세금이 없다.
길은 황폐해 오가기 어렵고
닭과 새가 서로 우짖는다.
제사도 옛 법 그대로고
옷도 새로 지은 것이 없다.
어린이들은 멋대로 길에서 노래하고
백발노인들은 즐겁게 서로 찾는다.
풀 자라니 온화한 봄철임을 알고
나무 시들면 바람이 찬 겨울임을 안다.
비록 달력도 책도 없지만
사계절 변천으로 일 년을 알 수 있다.

* 히황공과 기리계를 말한다.(이치수, 309쪽)

기쁜 낯으로 마냥 즐겁게 살고
애써서 꾀를 부리거나 재간을 피우지도 않는다.
흔적 없이 가려진 지 오백 년* 만에
홀연히 신비의 세계가 나타났으나,
순박한 도원경과 야박한 속세가 맞지 않아
이내 다시 신비 속으로 깊이 숨었네.
속세에 노는 사람에게 묻노니
먼지와 소음 없는 신비경을 아는가?
바라건대 사뿐히 바람을 타고
높이 올라 나의 이상향을 찾으려 한다.

  도화원 이야기를 가로지르는 가장 중요한 구절은 바로 이것이다. "가을엔 오곡이 익어도 세금이 없다." 가을걷이가 끝나도 조세와 부역으로 삶이 짓눌리지 않는 세상, 그것은 당시 농민들이 간절히 바라던 꿈이었다. 비록 문학 속의 환상에 불과하지만, 이 한 구절이 품은 함의는 절대 가볍지 않다. 지배층의 질서에 균열을 내는, 거의 혁명적인 상상력이기 때문이다.
  도연명이 관직을 버리고 흙으로 돌아간 선택 역시 단순한 개인의 취향이나 은둔의 낭만으로만 볼 수 없다. 그것은 당대의 권력과 지배에 대한 반발이었고, 자신이 믿는 삶의 방식으로 몸소 저항한 행

---

* 진(秦)나라부터 진(晉) 태원 연간까지의 5백 년을 말한다.

위였다. 결국 도화원은 꿈속의 별세계가 아니라 현실을 비추는 거울이다. 모든 유토피아가 그렇듯, 그것은 당시 현실을 풍자하고 비판하는 방식으로만 존재할 수 있었다. 그리고 바로 이 지점에서 우리는 도화원 속에서 아나키즘의 그림자를 본다. 강제와 세금, 권력의 압력이 사라진 자리에서 사람들은 스스로의 삶을 일구고 공동체를 유지한다. 제도가 아니라 상호 신뢰와 협동으로 이어지는 세계, 그것이야말로 도연명이 그려낸 참된 유토피아였다.

도화원과 『노자』 소국과민과 『예기』 대동

「도화원기」와 「도화원시」에 나오는 닭과 개의 울음소리는 『노자』 제80장에 나오는 다음과 같은 '소국과민(小國寡民)'을 연상하게 한다.

작은 나라의 적은 백성이 살아 여러 사람이 쓸 수 있는 생활 도구를 있어도 쓰지 않게 한다. 백성으로 하여금 죽음을 중시토록 하고 멀리 옮기지 않게 한다. 비록 배와 수레가 있어도 탈 일이 없고, 갑옷과 무기가 있어도 진을 벌릴 곳이 없게 한다. 사람들로 하여금 다시 줄 매듭을 맺어 쓰도록 한다. 음식을 달게 먹으며, 복식을 맵시 있게 하고, 거주가 안정되며 풍속을 즐기게 한다. 이웃나라가 서로 바라보며 닭과 개 소리를 들으면서도 백성은 늙어 죽도록 서로 가고 옴이 없다.

『노자』에서 그려낸 세상은 닭과 개를 기르지만 서로 왕래하지 않는 마을이다. 도구도 있고 무기도 있다. 그러나 도화원은 전혀 다르다. 이곳에서는 농부들이 서로 오가며 어울리고, 무기도 도구도 보이지 않는다. 평범한 일상과 소박한 풍경만이 있을 뿐이다.

겉으로는 두 세계가 모두 소박한 공동체처럼 보이지만, 자세히 들여다보면 차이는 뚜렷하다. 『노자』의 소국과민은 작은 나라를 다스리는 왕이 전제되어 있다는 점에서 이미 권력의 구조를 전제한다. 반면 도화원에는 왕은커녕 관료나 군대조차 없다. 통치계급이 사라진 자리에 오로지 사람들만 남아 있다. 그래서 『노자』의 소국과민을 아나키즘 사회라 부르기는 어렵지만, 도화원은 분명히 반권력의 상상에 훨씬 가까워진다.

도화원은 또 『예기』 「예운」 편에 나오는 대동(大同)과도 종종 비교된다. 하지만 이 역시 같지 않다. 대동은 질서와 예악의 통치를 바탕으로 한 조화로운 사회이고, 도화원은 오히려 통치 그 자체를 거부하는 자리에 서 있다. 바로 이 차이가 도화원이 지닌 특별함을 보여준다.

큰 도가 행하여지자 천하를 공으로 생각하여 어질고 유능한 인물을 선택하여 서로 전하였다. 믿음을 가르치고 화목함을 이루어 홀로 자기의 어버이만을 친애하지 않았으며 홀로 자기의 아들만을 사랑하지 않았다. 늙은이로 하여금 그 생을 편안히 마칠 수 있게 하고 장년으로 하여금 쓰일 곳이 있게 하며 어린이로 하여금 의지하여 성장할 곳이 있게 하고 홀아비·과부·고아, 자식 없는 노인, 병든 자들로 하여금 다 부양받을 수 있게 하며 남자는 사·농·공·상의 직분이 있고 여자는 돌아갈 남편의 집이 있었다. 재화라는 것은 헛되게 땅에 버려지는 것을 미워하지만 반드시 자기에게만 사사로이 감추어 두지 않았으며 힘이란 것은 사람의 몸에서 나오지 않아서는 안 되는 것이지만 그 노력을 반드시 자기 자신의 사리를 위해서만 힘쓰지는 않았다. 그런 까닭에 간사한 꾀는 끊어져 일어나지 않았으며 절도나 난적이 생기지 않았다. 그러므로 바깥 지게문을 닫는 일이 없었다.

대동의 세상에서도 왕은 사라지지 않는다. 유교가 그린 이상사회에서 왕은 덕으로 다스리며, 인재를 발탁하고 백성을 돌보는 여러 복지정책을 편다. 겉으로는 화평하고 은혜로운 세계지만, 그 한가운데에는 여전히 통치가 중심에 있다.

 그러나 도화원은 다르다. 이곳에는 왕도 없고, 관료도 없다. 그저 농사를 짓는 사람들이 스스로 질서를 지켜가며 살아갈 뿐이다. 도연명이 그려낸 도화원은 도가의 소국과도, 유가의 대동과도 닮지 않았다. 소국과 대동 모두가 왕의 존재를 전제로 삼고 있지만, 도화원은 처음부터 무군(無君), 곧 왕 없는 사회를 상상한다.

 아마도 이는 완적의 영향을 받은 도연명만이 그려낼 수 있었던 그림일 것이다. 그는 권력을 선으로 미화하지 않았고, 덕으로 포장하지도 않았다. 대신 왕조와 권력이 사라진 자리에서 비로소 가능해지는 삶, 농사꾼들의 자율과 자치로 이어지는 사회를 그려냈다.

바로 그 지점에서 도화원은 반권력의 유토피아로 빛난다.

도화원에 대한 후대의 평가

도연명 이후의 시인들에게 도화원은 더 이상 현실의 풍자를 담은 땅이 아니었다. 그들에게 도화원은 신선이 사는 꿈의 세계, 인간 세상과는 거리가 먼 낭만의 공간이었다. 당나라의 시인 왕유(王維, 699~761)는 「도원행(桃源行)」에서 도연명의 구절을 직접 인용한 뒤 이렇게 노래한다. "처음엔 피난처로 인간 세상을 떠났다가 / 신선 되어 끝내 돌아가지 않았구나."

도화원은 곧 속세를 떠난 신선들의 낙원으로 자리잡는다. 비슷한 시기 노륜(盧綸, 748~798) 역시 「도원을 꿈꾸다(夢桃源)」에서 "밤은 조용하고 봄의 꿈은 길어, 꿈속에 선산의 손님을 좇는다."라고 노래하며, 도화원을 아득한 꿈의 경계로 밀어올렸다. 조선 전기의 화가 안견(安堅, ?~?)이 그린 「몽유도원도」 역시 이런 전통의 연장선에 놓일 터다.

하지만 시간이 흐르며 도화원을 새롭게 읽은 이들도 있었다. 송나라의 개혁적 정치가 왕안석(1021~1086)은 「도원향」에서 도화원을 단순한 피안의 낙원이 아니라, 계급이 없는 사회를 지향하는 이상향으로 보았다. 신선의 나라가 아닌 인간의 사회, 권력과 계급의 억압이 없는 세상으로 도화원을 다시 해석한 것이다.

진나라의 망이궁 안에서 사슴을 말이라 우기니
진나라 백성은 거의 반이나 장성 아래에서 죽어갔네.
그 당시 세상 피한 사람은 상산의 늙은이만이 아니고
도원에서 복숭아나무 심었던 사람도 있었다네.
한번 와서 복숭아나무 심고는 햇수 기억하지 못하고
꽃 따고 열매 먹으며 가지는 땔 나무로 삼았다네.
자손들은 자라서 세상과 단절되었으니
아비와 자식이 있는 것 알아도 임금과 신하가 있는 것 몰랐다네.
어부가 배가는 대로 가다가 어딘지도 몰라
꽃 사이로 문득 보고 놀라서 서로 묻는구나.
세상 사람들은 옛적에 진(秦)나라가 있었다고 알고 있으나
산속에서는 지금이 진(晉)나라 시대임을 어찌 알리오.
장안에 전쟁의 먼지 날려 한(漢)나라 망한 소식 듣고
봄바람에 머리 돌리며 눈물로 수건을 적시네.
순임금이 한번 가버리니 어찌 다시 얻을 건가
천하가 어지러우니 몇 번이나 진(秦)나라의 폭정 지나갔던가.

위 시에서 망이궁(望夷宮)이란 진나라의 궁전이다. 이곳은 단순한 건물이 아니라, 권력의 타락과 공포정치의 상징으로 기억된다. 진시황이 죽고 이세황제가 즉위했을 때, 실권은 환관 조고(趙高, 기원전 258~207)가 쥐고 있었다. 그는 권세를 시험해보고자 황제 앞에 사슴을 바치며 "이것은 말입니다."라고 주장했다. 황제가 웃으며

"승상이 잘못 본 것이 아닌가? 사슴을 보고 말이라 하다니."라고 반문했지만, 곁에 있던 신하들은 모두 조고의 말에 맞장구를 쳤다. 끝내 황제의 말을 옳다고 한 이들은 모함을 당해 제거되었다.

이 일화에서 비롯된 고사성어가 바로 '지록위마(指鹿爲馬)', 곧 사슴을 가리켜 말이라 한다는 뜻이다. 『사기』「진시황본기」에 전해 내려오는 이 이야기는 권력이 얼마나 사람들의 눈과 귀를 가리고, 거짓을 진실처럼 강요하는지를 극적으로 보여준다. 그래서 망이궁은 도화원의 소박한 풍경과 더욱 선명한 대조를 이룬다. 하나는 권력이 지배하는 거짓의 궁전이고, 다른 하나는 권력이 부재한 진실의 마을이다.

도화원의 상상은 옛 문헌 속에만 머물지 않는다. 현대에도 다시 재현되고 있다. 대표적인 예가 거페이(格非)의 소설 『복사꽃 그대 얼굴(人面桃花)』이다. 이 작품에서 그려지는 세계는 도연명이 「도화원기」에서 묘사한 도화원은 물론, 그의 다른 시에 등장하는 이상사회의 모습까지 함께 담고 있다.

주인공 루슈미(육수미)의 아버지 이름은 루칸(陸侃)인데, 흥미롭게도 이 이름의 '칸(侃)'은 도연명의 할아버지 도간(陶侃)의 '간'을 빌려온 것이다. 소설 속에서 루칸은 마치 도연명의 사상을 잇는 듯한 인물로, 아버지의 이름 하나만으로도 독자는 도연명과의 은근한 연결고리를 발견하게 된다. 루칸은 다음과 같이 말한다.

내 생각에는 이곳이야말로 진정 세상 밖의 도원(桃源, 무릉도원)이란

다. 내가 심혈을 기울여 고심한 지가 벌써 이십 년이야. 뽕나무며 대나무는 물론이고 아름다운 연못이 있어 걷다 보면 흥취를 느끼게 되지. 노인네, 어린아이 할 것 없이 절로 편안하단다. 봄빛은 아름다운 풍광을 만들고, 가을 서리는 국화와 게를 선사하지. 두둥실 배에 오르면 바람이 옷깃을 스치고 하늘과 땅이 어울리며 사계절 내내 거칠 것이 없어. 밤에도 문을 닫지 않고 길거리에 물건이 떨어져도 함부로 줍는 이가 없으니 실로 요순시대의 기풍이라 할 수 있지. 집집마다 내리쬐는 태양도 모두 똑같아. 봄날은 화창하고 풍광이 아름다우며, 이슬비는 부드러워 복사꽃과 배꽃이 서로 아름다움을 다툴 때면 벌들도 길을 잃게 되지.

결국은 명(名)과 이(利)라는 두 글자, 즉 명성과 이익에서 벗어날 수 없었던 거지. 왕관청은 스스로 극도로 검소하게 지내며 시원찮은 차를 마시고 소박한 식사를 하며 해지고 남루한 옷을 입는 등 궁핍한 생활을 했어. 겉으로는 비록 명리를 좇지 않는다고 말하긴 했지만, 화자서 3백여 호 사람들의 존경을 얻고자 했으며, 화자서의 아름다운 이름이 천하에 널리 퍼져 죽은 후에도 천고에 이름을 날리고자 했던 거야. 이것이 그의 큰 집념이었지.

거페이의 소설에서 도화원을 세운 이는 끝내 제정신을 잃고 집을 떠나거나 허무하게 목숨을 잃는다. 그가 세운 이상향은 오래가지 못하고 산적의 산채나 도적의 소굴로 전락한다. 그러나 이야기는 거기서 멈추지 않는다. 주인공 슈미는 좌절 대신 다시 도화원을 꿈꾼다. 집안의 재산을 모두 털어 학교를 세우고, 사람들을 모아 비밀결사를 조직한다. 무릉도원의 이상을 삶 속에서 실천하려는 시도였다. 하지만 아이러니는 반복된다. 그녀가 이상향 건설에 몰두할수록 사람들과 멀어지고, 대중은 점점 슈미를 외면한다. 결국 그녀는 감옥에 갇히고 만다. 소설은 독자에게 묻는다. 이상향이란 결국 인간이 명성과 이익을 좇듯 또 다른 것을 추구하는 집착일 뿐인가?

이 작품은 『강남 3부작』의 첫 권에 불과하다. 두 번째 권에서는 슈미의 아들이 다시 이상향 건설을 시도하지만, 역시 실패한다. 세 번째 권에 이르면, 화자서라는 공간은 더는 이상향을 지향하지 않는다. 그것은 환락의 도시로 타락해버린다. 이상향의 꿈은 시도될 때마다 좌절하고, 끝내 퇴락한다. 그 여운은 도연명의 도화원이 남긴 빛과는 정반대의 그림자를 우리에게 던져준다.

도화원의 아나키즘

어부는 자신이 얼마나 멀리 갔는지도 모른 채 도화원을 발견한다. 이 장면은 세상을 바꾸려는 의식적인 노력을 잠시 내려놓았을 때 비로소 길이 열릴 수 있다는 뜻으로 읽을 수 있다. 그는 애써 뭔가를 바꾸려 하지 않았고, 오히려 그러지 않았기에 '근원으로 돌아가는' 길을 찾을 수 있었다. 그렇게 본래의 단순함으로 돌아간 순간, 앞길은 환히 열리고 그는 놀라운 공동체와 마주하게 된다.

여기서 도(道)는 추상적 형이상학이 아니라, 실제로 존재할 수 있는 상태로 나타난다. 그것은 곧 자유의 은유다. 고대 중국에는 '자유'라는 단어가 따로 없었고, 방종과 혼동되지 않기 위해 은유로 표현할 수밖에 없었다. 하지만 도의 세계가 보여주는 자유는 단순히 억압이 없는 상태를 넘어서 있다. 그것은 평등과 공동체와 떨어질 수 없는 자유였다.

도교에서 푸(樸), 곧 '원래의 단순성'이라는 개념은 이런 맥락을 잘 보여준다. 조지프 니덤(Joseph Terence Montgomery Needham, 1900~1995)이 말했듯 푸는 "원시적 집단주의의 연대성과 동질성, 단순성"을 뜻한다. 다시 말해, 자유는 고립된 개인의 것이 아니라 함께 살아가는 사람들 속에서 구현되는 상태다. 도연명에게도 이 도교적 아나키즘의 유산은 순전히 개인주의적인 것이 아니었다. 그가 그린 도화원에는 언제나 공동체적 요소가 함께 스며 있었다.

도연명이 "닭과 개의 울음소리가 들린다."라고 쓸 때, 그는 단순히 시골 풍경을 묘사한 것이 아니다. 그 말에는 『노자』 제80장과 『장자』 제10장의 구절이 겹쳐 들린다. 이웃 마을의 닭 울음소리가 가까이 들리지만, 사람들은 평생 그곳에 가본 적도 없이 늙고 죽는다는 이야기 말이다.

도화원 사람들 역시 진나라의 폭정을 피해 숨어 들어와 세운 공동체였다. 그러니 이 조화로운 세계가 유지되는 까닭은 역설적으로 정부가 없기 때문이다. 권력이 질서를 보장하기는커녕 오히려 삶을 파괴했기에, 사람들은 그곳을 버리고 도화원에 모였다. 도연명이 보여주고자 한 것은 문명과 제도가 도덕적 본성을 개선하는 것이 아니라, 오히려 그것을 가로막는다는 사실이다. 이상향은 권력과 함께 있을 때가 아니라, 권력으로부터 멀리 떨어졌을 때 비로소 가능하다는 메시지다.

결국 도연명이 말하려 한 것은 단순하다. 도화원 사람들은 진나라의 폭정에서 도망쳤고, 후대의 화려한 왕조 소식을 듣고도 돌아가고 싶어 하지 않았다. 이 사실 하나만으로도 그는 유교가 꿈꾸던 이상과는 다른 길을 보여준다. 유교는 언제나 '좋은 정부'가 질서와 도덕을 세운다고 믿었지만, 도연명에게 이상은 정부가 없는 자리에서 비로소 가능했다. 사람들의 고통을 낳는 것은 다름 아닌 국가 자체라는 사실이 드러난 것이다.

그러나 흥미로운 점은, 이 세계를 발견한 어부가 도교의 성인처럼 그곳에 머문 것이 아니라는 데 있다. 시간이 지나자 그는 다시 세속을 그리워했고, 발자취를 따라가 보려 했지만 끝내 도화원을 찾을 수 없었다. 그의 발길이 닿을 수 없는 곳이 된 이유는 분명하다. 제도와 지배를 떠난 공동체는 의도적으로 찾으려 애쓴다고 해서 다시 만날 수 있는 세계가 아니기 때문이다.

정부 역시 마찬가지였다. 소식을 들은 태수와 유교의 군자 류기지가 사람을 보내 도화원을 찾으려 했지만 끝내 실패했다. 권력과 제도라는 틀 안에서는 애초에 닿을 수 없는 세계였기 때문이다. 도화원은 유교가 전제하는 국가와는 정반대의 길 위에 있었고, 바로 그 점에서 도연명이 꿈꾼 공동체의 특별한 의미가 드러난다.

더 흥미로운 것은, 도연명의 생각 속에서 크로포트킨의 사상과 닿는 지점을 발견할 수 있다는 사실이다. 정부란 언제나 주민들의 자발적인 협력에 의존해 유지된다. 그러나 동시에 그 협력 위에 기생하며, 결국 그 본래의 힘을 약화시키고 모순에 빠진다. 크로포트킨이 "상호부조"라 부른 개념을 도연명도 다른 언어로 그려내고 있었던 셈이다. 도화원이라는 이상향의 밑바탕에는 바로 이러한 국가에 대한 근본적 회의가 깔려 있다.

하지만 세월이 흐르면서 사람들은 도화원을 더 이상 찾지 않게 된다. 본래의 상태를 잊은 채 법과 도덕, 지식이라는 이름으로 스스로를 얽매고, 점차 타락해간다. 『장자』 제10장이 전하듯, "아무것도 본래의 상태로 남지 않았고, 온 세상이 혼돈과 혼란에 빠질 때까지 베어내고 톱질해야 했다. 모든 것은 사람의 마음을 건드린 데서 비롯되었다." 도연명이 그려낸 도화원은 결국, 우리가 어디에서 길을 잃었는지 되묻는 은유이기도 하다.

어부는 도화원 사람들의 따뜻한 환대를 받고 돌아가면서, 그곳의 위치를 절대 밝히지 않겠다고 다짐했다. 하지만 시간이 흐르자 그는 약속을 어겼다. 태수와 군대를 끌어들여 자신의 발자취를 더듬어 보았지만, 도화원은 다시는 나타나지 않았다. 이 장면은 단순한 해프닝이 아니다. 도연명은 공자의 현자들이 도덕을 강제로 주입하려는 시도나, 법가의 획일적인 규범과 규정으로는 결코 유토피아에 다다를 수 없음을 말하고 있다. 이상향은 의도적인 노력으로 다시 세워질 수 있는 성채가 아니기 때문이다.

그러나 도화원은 결코 먼 과거 속에만 묻힌 세계가 아니다. 도연명은 은밀히 속삭인다. 뿌리로 돌아가려는 사람, 의식적인 애씀을 내려놓고 본래의 단순함에 귀의할 줄 아는 사람이라면, 언제든지 도화원은 눈앞에 열릴 수 있다고. 그곳은 멀리 있는 땅이 아니라, 우리가 잊고 있던 본성의 자리이기 때문이다.

도연명의 마지막 위대한 진술은 도교적 이상사회의 성격을 한눈에 보여준다. 그가 그린 공동체는 평등하고 협력적이며, 은둔한 개인들의 집합이 아니라 서로 돕고 기대며 살아가는 사회다. 무엇보다 중요한 것은, 그곳에는 정부도 없고 어떤 정치적 권위도 존재하지 않는다는 점이다.

도연명이 돌아가고자 한 신농의 세계 역시 단순했다. 다만 사냥과 채집에 머무르는 것이 아니라 농사와 가축을 기르는 삶을 허용한다는 점에서 한 걸음 더 나아간다. 욕망은 여전히 최소한으로 줄어든 상태이며, 사람들은 소박한 평등 속에서 살아간다. 그는 특히 옆 마을의 닭과 개 울음소리가 들린다고 적었는데, 이는 『노자』가 묘사한 유토피아를 환기한다. 서로의 존재를 알고도 굳이 찾아가지 않는, 자기 자리에 만족하며 살아가는 삶.

도연명이 제시한 이 마지막 장면은, 결국 우리가 그토록 그리워하는 이상향이 어떤 모습이어야 하는지를 분명히 일러준다. 권력 없이도 유지되는 평화, 단순함 속의 풍요, 그리고 욕망 대신 조화를 택하는 삶. 바로 그것이 도연명이 남긴 도교적 유토피아의 맨얼굴이다.

이야기는 결국, 도연명의 부패한 시대에도 도(道)의 숨결이 살아 있음을 보여준다. 어쩌면 그곳을 찾아간 어부는 도연명 자신을 은유한 인물일지 모른다. 한때는 유교적 관료였지만, 좌절과 절망의 순간에 그는 도교적 아나키즘의 샘에서 물을 길어 올렸다.

국가주의적 전통과 반국가주의적 전통이 한 사람의 삶 안에서 공존한다는 사실은 현대의 눈으로 보면 다소 모순처럼 보일 수도 있다. 그러나 바로 그 양가성이 있었기에, 도교의 아나키즘적 전통은 쉽게 사라지지 않았다. 그것은 수백 년을 넘어 20세기까지, 중국인들뿐 아니라 동아시아 사람들의 마음속에서 은근히 살아남을 수 있었던 힘의 원천이었다.

무엇보다 중요한 것은, 도연명이 그린 도교적 이상이 결코 고립된 개인주의의 이상이 아니라는 점이다. 그가 꿈꾸었던 공동체는 사람들 사이의 협력과 평등을 바탕으로 서 있었다. 이 지점에서 우리는 크로포트킨의 사상과 놀라운 공명을 확인하게 된다.

크로포트킨은 인류의 진화와 역사를 관통해 살아남은 힘으로 "상호부조"를 꼽았다. 원시 부족과 마을에서부터 중세 도시, 그리고 근대 사회에 이르기까지, 협동의 본능은 언제나 인간 공동체를 지탱하는 기초였다는 것이다. 마찬가지로 도연명이 상상한 도화원 역시 권력의 압박 속에서도 꺼지지 않은, 원시적 아나키즘의 불씨를 보여준다.

주나라 봉건 질서의 틀 속에서도, 중앙집권적 관료 체제의 거센 압박 속에서도, 사람들은 여전히 서로 돕고 어울려 살아가는 길을 찾았다. 크로포트킨과 도연명 모두 이렇게 믿었다. 인간은 상호 협력과 공동 노동을 통해, 굳이 정부의 지배가 없어도 충분히 살아남을 수 있다고. 그것은 낭만적 환상이 아니라, 인간 본성 속에 살아 있는 오래된 기억이자 미래를 향한 희망이었다.

도연명은 도교적 아나키스트이면서 동시에 서구적 아나키스트의 한 흐름과도 깊이 닿아 있다. 그 공통분모는 바로 평화주의다. 서구에서 평화주의적 아나키즘의 가장 대표적인 인물을 꼽으라면 레프 톨스토이를 들 수 있다. 신을 자연과 동일시하고, 인간을 신의 일부로 본 그의 사상은 도연명이 거듭 노래한 도교적 비전과 가장 가까운 곳에 자리한다. 도가적 아나키스트에게도 인간은 도(道)의 일부이며, 모든 존재는 도에서 비롯된다. 톨스토이는 "근원으로 돌아가 도에 따라 행동한다면, 이상적인 아나키 상태는 저절로 달성될 것이며, 모든 국가 장치들은 결국 사라질 것"이라고 말한다. 이 목소리는 도연명의 도화원과 겹쳐 들린다.

두 사람이 주장한 전통적인 평화주의는 모두 물질적 진보를 의심한다. 물질적 진보는 목적이 될 수 없으며, 오히려 단순한 삶 속에서 참된 가치를 찾는다. 무엇보다도 이러한 전통은 힘과 폭력으로 세상을 지배하는 것을 부조리로 본다. 정부를 없애기 위해 폭력을 동원하는 것조차 거부한다. 도연명과 톨스토이, 서로 다른 시대와 공간에서 만난 두 목소리는 결국 같은 이야기를 하고 있다. 진정한 자유와 평화는 권력의 손아귀가 아니라, 단순하고 비폭력적인 삶 속에서만 가능하다는 것이다.

도연명과 톨스토이는 결국 한 지점에서 만난다. 이상적인 사회는 제도나 권력이 아니라, 각 개인의 도덕적 깨달음 위에서만 세워진다는 믿음이다. 그들에게 진정한 계몽은 교과서나 제도가 주입하는 규범이 아니라, 인간이 서로 자연스럽게 이어져 있다는 사실을 다시 기억하는 데서 비롯된다. 무엇보다도 두 사람은 인간을 자연과 영성에서 분리하려는 당대의 정통적 사고에 맞섰다. 그들은 오히려 자유롭고 순수한 아나키 사회란 인간이 자연과 영성과의 연결을 자각할 때만 가능하다고 말했다. 그 연결은 사실 한 번도 끊어진 적이 없다. 다만 국가와 제도가 그것을 가려버렸을 뿐이다.

이러한 세계관 속에서 신과 도는 곧 자유와 같은 말이 된다. 사랑의 힘이나 도의 덕에 따라 살아가는 것은 아나키와 다르지 않다. 그렇기에 톨스토이가 신의 권위를 전제로 했으므로 "일관된 아나키스트가 아니다."라고 그를 비판하는 것은 온전하지 못한 생각이다. 그의 비전은 교회나 제도의 강요가 아닌, 각 개인이 사랑으로 신을 마음속에 받아들이는 데서 출발했다. 그렇게 해서 비로소 인간은 다른 사람들, 그리고 우주와의 연결을 새삼 확인할 수 있다. 바로 이 점에서 도연명과 톨스토이는 다른 어떤 아나키스트들보다도 놀랍도록 닮았다. 인간과 공동체, 자연과 영성 사이의 잊힌 연결을 회복하려는 희망 속에서, 두 사람의 비전은 시대와 언어를 넘어 깊은 일관성을 보여준다.

도연명은 예술을 통해 아나키즘의 관념을 전한 서양의 고드윈(William Godwin, 1756~1836)이나 톨스토이와도 놀라울 만큼 비슷하다. 도교 아나키즘은 오래전 운동으로서의 생명력을 잃었지만, 그 정신은 자연을 노래하는 예술적 전통 속에 살아남았다.

중국에서 가장 위대한 두 시인이라 불리는 완적과 도연명은, 각각의 환상시를 통해 도교적 아나키즘의 이상을 후대에 전했다. 그들의 시는 이후 수많은 장르와 시인들에게 영감을 주었고, 예술적 상징으로 남아 끊임없이 되살아났다. 마찬가지로 서양에서도 아나키즘은 제도적 운동을 넘어 예술과 문학 속에서, 더 순수한 형태로 전통을 이어왔다.

이런 맥락에서 동서양의 아나키즘은 비슷한 길을 걸었다고 할 수 있다. 폭력적 혁명이나 제도적 설계도가 아닌, 차별 없는 자유와 평등의 은유로 남아 인간의 상상력을 자극해온 것이다. 예술이 전하는 그 자유의 이미지는 결코 파괴되거나 소멸되지 않는다. 오히려 그것은 인류가 스스로 도달할 수 있는, 아직 가늠할 수 없는 높이에 대한 희망을 강하게 암시한다. 그것이야말로 아나키즘의 순수한 이상, 적극적인 의미에서의 자유라는 관념일 것이다.

정약용의 「미원은사가」

머리말에서 말했듯이 정약용은 1801년 경상도 장기에 유배되었을 때 「미원은사가」를 썼다. '미원에 사는 은사의 노래'라는 뜻의 그것은 "벽계 북쪽의 자그마한 미원 마을은 / 구지산 무릉원과 형동생

할 만하네."로 시작한다. 벽계는 가평군 설악면, 미원은 양평군 서종면, 구지산은 중국 감숙성에 있는 산이다.

시에 붙인 정약용의 주에 의하면 그 시는 정약용이 윤영희로부터 전해들은 심옹(沈翁), 즉 18세기 전반에 경기도 용문산 사천(斜川) 북쪽 미원(薇源)에 은둔하였던 심양구(沈錫龜)에 대한 이야기를 다산이 시화한 것이다.

미원이 무릉원과 유사하다고 한 첫 구절에 이어 심양구가 미원에 들어오게 된 사연을 다음과 같이 노래한다.

> 일흔다섯 집들이 모두 나무를 심었는데
> 그중에서 꽃 많은 집이 심씨의 뜰이지.
> 심씨는 본래 서울 사대부 집안의 자제인데
> 일찍이 집을 떠나 높은 벼슬 꿈꾸었으나,
> 하루아침에 집 팔아 출셋길을 단념한다 노래하고
> 조각배에 몸을 싣고 숲에서 살 생각으로
> 곧바로 이곳에 들어와 오두막을 짓고는
> 대나무통 이어 물을 끌어 거친 들을 일구었네.

여기서 심씨가 미원에 들어온 이유를 「도화원시」에서와 같은 정치권력의 압정 때문이 아니라, 벼슬을 꿈꾸다가 포기했다고 설명하는데, 그 포기의 이유가 구체적으로 밝혀져 있지는 않다. 이어 미원의 마을이 묘사된다.

벼도 심고 조도 심어 생계가 넉넉해지고
하인들과 나누어 갈게 하여 마을을 이루었네.
돌담에 기와집에 나란히 늘어서고
곡식 더 가꾸고 짐승 치는 법 더 배웠네.
뽕나무, 삼, 닥나무, 옻, 대추, 밤, 감,
망아지, 송아지, 거위, 오리, 닭, 개, 돼지 다 길러,
집에 소금 나는 우물 없어도 온갖 물건 갖추어,
대문을 나서지 않고도 제사와 연회를 치렀다네.
아들 낳으면 농사 가르치고 딸 낳으면 길쌈 가르쳐
우견산 주(朱)씨 지(陳)씨 마을처럼 혼인하여
자식 장성하니 집안일 맡고 심옹은 늙어서
꽃 가꾸며 과일 접붙이며 하루를 보낸다네.
국화 기르는 솜씨는 빼어나
마흔여덟 종의 국화가 모두 품격 높아라.
언제나 국화 필 때면 술 깰 틈 없이 거나하게.

이러한 정약용의 농촌 묘사를 도연명의 묘사와 비교하면서, 도연명이 농경사회를 포괄적이고 개괄적이며 다소 추상적으로 이해하고 묘사한 데 비해, 정약용은 보다 적확하게 현실을 인식하여 농경사회를 구체적으로 묘사했다고 보는 견해*가 있으나, 그렇게 비교

* 김은미, "다산 정약용의 「미원은사가(薇源隱士歌)」 고찰-도연명 「도화원시(桃花源詩)」와의 비교를 중심으로", 퇴계학보, 139권(2016), 126쪽.

할 정도로 큰 차이가 있다고 보기는 어렵다. 도리어 더 큰 차이는 도연명의 마을에는 세금이 없다는 것인데, 그 점은 정약용에게 전혀 문제가 되지 않는다. 즉 도연명의 세계는 아나키즘이지만 정약용의 세계는 반아나키즘이다. 그러나 두 세계 모두 자급자족하고 있다는 점에서는 동일하다. 정약용 시의 마지막 부분은 다음과 같다.

글을 쓰면 그래도 소동파 체를 쓰고
유양 낙고처럼 기이한 말도 잘한다네.
아아! 참 그 늙은이 세상에 숨어 잘도 살지.
남다른 사랑으로 하늘이 복을 내렸나 봐.
이미 그르친 내 인생은 그를 따를 수 없어,
자손에게나 보이려고 미친 노래를 적어보네.

이처럼 「미원은사가」는 「도화원시」와는 다르다. 이런 차이는 한반도에서 도연명의 도화원을 이해하고 재현하는 오랜 전통이기도 하다. 가령 고려의 이인로가 쓴 「청학동기」는 「도화원기」를 모방한 듯한데, 「미원은사가」와 마찬가지로 도화원의 아나키즘적 요소는 배제되어 있다. 그런 점은 한반도의 유토피아 문학이 갖는 공통점이라고도 할 수 있다.

도원명과 정약용은 각각 중국과 한반도에서 1,400년이 넘는 세월의 차이를 두고 살았으니 그 삶의 단순 비교는 쉽지 않지만 모두 혼란의 시대를 살았음은 분명하고, 그런 점에서 그들의 삶과 생각과 글이 통할 수도 있다. 그러나 정약용이 근대적이고 진보적이라는 일반적인 평가와는 달리 도리어 전통 유교에 입각하여 보수적이라고 볼 수 있는 측면도 강한 반면, 도연명은 유교를 벗어나 있는 점에서 서로 다르다. 특히 정약용의 군주(정조)와 부모 및 자식, 그리고 사서육경과 유교 의례에 대한 강렬한 애착은 유교 사대부의 전형을 보여주는 반면, 도연명은 그 모든 것들에 대한 애착과 너무나 멀다. 심지어 앞에서 말한 「자찬 묘지명」에서도 그는 살례와 제례에 대해 너무나도 길게 상론하지만, 도연명의 「자제문」은 물론 다른 어떤 글에서도 그런 것을 볼 수 없다.

두 사람이 다른 무엇보다도 다른 점은 그들이 살았던 사대부 사회의 세속사에 대한 극단적인 무시와 동경, 초연함과 적극적인 관심이다. 정약용은 관직에 나가 벼슬을 하는 것이 개인은 물론 집안을 위해 절대적으로 필요하다고 믿고, 이를 위해 서울을 떠나서는 안 된다고 했다. 흔히들 그가 사회개혁을 주장했다고 하지만, 그것은 당시의 왕조 체제를 더욱 완전하게 수호하기 위해서 그런 것이지 그 체제를 흔들기 위해서가 아니었다. 특히 당시의 신분제도를 그는 철저히 고수하고자 했다. 반면 도연명은 3년 남짓의 시골 벼슬 생활도 마다하고 시골에 들어가 농사를 지으며 가난하게 살다가 죽었다. 그는 구체적인 사회개혁을 주장하지는 않았지만, 근본적으로 체제를 바꾸어야 한다고 생각해 도화원 같은 아나키 유토피아를 꿈꾸었다.

도연명은 농민이 자유롭고 평등하게 사는 세상을 희망했지만, 정약용은 어디까지나 사대부 선비가 중심이 되는 조선 사회의 유교적 근본이념에 충실했다. 그는 모든 사람이 농사를 지어야 한다고 주장한 농가의 허행을 비판한 맹자처럼 『경세유표(經世遺表)』「전제(田制) 5」에서 사대부는 사람들을 다스리는 군자이므로 농사를 짓지 않고도 땅을 얻는 것이 당연하다고 주장했다. 농업이나 기술에 뛰어난 자들에게 관직을 주자고 한 그의 주장도 사대부 우선주의라고 할 수 있다. 이러한 사대부 우선주의는 정약용만이 아니라 소위 실학자라고 불리는 당시의 진보세력이라는 사람들에게 공통된 점이었다. 그들 외의 보수적 사대부는 물론 어떤 체제 변화에도 반대했다.

정약용이 「탕론(蕩論)」에서 군왕을 추대하고 바꿀 수 있다고 주장한 것을 두고 민주주의적 발상이라고 평가하지만, 이는 어디까지나 중국의 고대 성왕들의 왕도를 회복하여 왕권을 강화하자는 유교 발상에 불과했다. 여전제나 정전제 같은 토지제도 개혁론이나 산업개혁론도 마찬가지였다. 반면 도연명은 이러한 개혁론을 제시하지는 않았으나, 그가 주장한 것은 군왕 자체가 존재하지 않고 농민들이 모두 자유롭고 평등하고 평화롭게 사는 새로운 세상이었다.

맺음말

 이 책의 머리말에서 나는 도연명을 빌려, 권력에 기대어 살면서도 자신들의 추악한 욕망을 그럴듯하게 미화했던 고려와 조선의 일부 선비들을 비판했다. 도연명이 그들과 근본적으로 다른 점은 분명하다. 그는 어려서부터 유가와 도가의 고전을 제대로 읽었고, 그 속에서 이상사회를 추구했다. 실제로 관리의 길에 들어서기도 했으나, 관료 집단에 깊이 절망한 끝에 벼슬을 그만두고, 유가도 도가도 아닌 자신만의 새로운 삶의 방식을 찾아 농촌으로 들어가 농사를 지었다.
 반면 아류들은 달랐다. 그들은 현실 권력 밑에 붙어 기생하며 평생 관리 노릇을 하면서도, 겉으로는 도연명을 흉내 내며 스스로를 꾸몄다. 도연명이 꿈꾼 이상향과는 전혀 닿지 않는 삶이었다. 물론 예외도 있었다. 우리 시대의 시인 백석(白石, 1912~1996)이 그 한 예다. 그는 1940년 2월 만주로 건너가 이듬해 봄까지 만주국 정부의 말단 관리직에 있었으나 불과 반년 만에 사임했다. 그리고 농사를 지어야겠다고 마음먹은 듯하다. 1941년에 발표한 시「귀농」은 그 결심을 잘 보여준다.

    나는 이젠 귀치 않은 측량도 문서도 싫증이 나고
    낮에는 마음 놓고 낮잠도 한잠 자고 싶어서
    아전 노릇을 그만두고 밭을 노왕*한테 얻는 것이다.
    날은 챙챙 좋기도 좋은데
    눈도 녹으며 술렁거리고 버들도 잎 트며 수선거리고
    저 한쪽 마을엔 마돝에 닭 개 즘생도 들떠들고
    또 아이 어른 행길에 뜨락에 사람도 웅성웅성 흥성거리고
    나는 가슴이 이 무슨 흥에 벅차오며
    이 봄에는 이 밭에 감자 강냉이 수박에 오이며 당콩에 마눌과 파도
    심그리라 생각한다.
    수박이 열면 수박을 먹으며 팔며
    감자가 앉으면 감자를 먹으며 팔며
    까막까치나 두더쥐 돌벌기가 와서 먹으면 먹는 대로 두어두고
    도적이 조금 걷어가도 걷어가는 대로 두어두고

    백석이 「귀농」에서 밝힌 구상이 도연명의 「귀거래사」와 유사하

* 중국인 왕씨를 말한다.

다고 보는 견해*도 있다. 하지만 백석의 삶은 끝내 도연명과는 다른 궤적을 그렸다. 귀농의 꿈을 노래했지만 실제로 농촌으로 돌아가지는 않았다. 이듬해 그는 창씨개명을 하고 만주의 안동 세관에 취직했고, 1943년 7월에는 그의 시 일곱 편이 일본어로 번역되어 발표되었다. 직접 일본어로 시를 쓰지는 않았으나, 번역을 허용한 사실만으로도 그 시대적 맥락 속에서 비판을 피하기는 어렵다.

해방 전까지 그의 삶은 뚜렷하게 알려진 바가 없다. 다만 징용을 피하려고 도피 생활을 했을 것이라 짐작될 뿐이다. 1912년 평북 정주에서 태어난 그는, 부모가 오산학교 앞에서 하숙을 치며 생계를 이어갔기에 어린 시절 농사를 지어본 경험이 없었다. 그 뒤로도 실제로 농사를 지었다는 증거는 남아 있지 않다. 결국 그의 '귀농'은 실천된 현실이라기보다, 시대적 절망과 갈망 속에서 길어 올린 상징적 언어였던 셈이다.

백석이 도연명에 관심을 기울였다는 사실은 그가 스물여섯 살 때, 1941년에 발표한 「흰 바람벽이 있어」에서 확인할 수 있다. 그는 그 시에서 '프랑시쓰 쨈'과 '라이너 마리아 릴케'와 함께 도연명을 불러내며, "나는 이 세상에 가난하고 외롭고 높고 쓸쓸하니 살아가도록 태어났다."라고 하는 구절로 자신을 그들과 나란히 놓는다. 하지만 잠(Francis Jammes, 1868~1938)이나 릴케(Rainer Maria Rilke, 1875~1926)가 정말로 그렇게 살았는지는 의문이다.

* 노병춘, "백석 시의 외국 시인과의 연관성 연구-도연명과 이백·두보를 중심으로", 영주어문, 제53집(2023), 373쪽.

더 이른 시기인 1938년에 발표한 「나와 나타샤와 흰 당나귀」에서도 도연명과의 닮음을 읽어내려는 시선이 있다. "산골로 가는 것은 세상한테 지는 것이 아니다 / 세상 같은 건 더러워 버리는 것이다"라는 구절 때문이다. 그러나 그 산골은 사랑하는 여인 나타샤와 함께 당나귀를 타고 가는 산골이었으니, 도연명의 전원 회귀와 같은 결로 보기에는 망설여진다.

백석은 해방 후 북한에서 김일성 찬양시를 썼다. 「나루터」에서는 "어리신 원수님의 이 큰 맹세 이루어져서 / 오늘 너희들에겐 자랑스러운 나라가 있음을"이라며 김일성의 항일운동이 일제에 맞선 해방과 혁명을 가져왔다고 찬양하고, 「사회주의 바다」에서도 "바다는 이 나라 사람들 위해 / 아담한 문화 주택 골고로히 세워주네 / 재봉기도 라디오도 사들이네"라고 하고, 「강철 장수」에서는 "석탄도 장수 알곡도 장수 / 철도 물고기도 집들도 장수 / 그 가운데서도 가장 힘센 장수 / 그는 강철 장수란다"라고 한다. 이는 도연명이 권력을 찬양하는 시를 쓰지 않은 점과 대조적이다. 물론 그렇다고 해서 백석의 시적 성취가 빛을 잃는 것은 아니다. 도연명을 언급했다고 해서 반드시 같은 길을 걸은 것은 아니었지만, 백석은 여전히 뛰어난 시인이었다. 도연명과의 연관을 말할 수 있는 시인으로는 김수영도 있다. 그는 '신귀거래'라는 부제를 단 연작시를 썼지만, 그것을 도연명의 「귀거래사」와 직접 이어보기는 어렵다. 김수영 역시 백석처럼 전원으로 돌아가는 삶을 노래하지는 않았다.

그러나 이런 문학적 계보와는 별개로, 고려와 조선, 그리고 근현대의 한국에서 농사꾼들은 도연명의 시심을 오래도록 마음에 간직해 살아왔다. 그의 시는 곧 '농시'였고, 그 절창(絶唱)은 「귀거래사」와 「도화원시」였다. 설령 중국이나 한국의 농사꾼들이 도연명의 이름조차 몰랐다 해도, 그들의 삶과 마음은 도연명이 지녔던 삶과 마음과 크게 다르지 않았을 것이다. 그것은 농사꾼만의 이야기가 아니었다. 오랫동안 천대받고 '쌍놈'이라 불리던 이들 모두의 마음이기도 했다.

그래서 이 책을 처음 구상할 때 나는 도연명을 '쌍놈 아나키스트'라 부르고 싶었다. 농사꾼이나 쌍놈이나 다 같은 뜻이지만, 그의 족보를 들먹이는 사람들이 "도연명이 어떻게 쌍놈이냐?"며 따질 게 뻔해 그만두었다. 사실 그는 명문대가 출신은 아니었지만, 조상 가운데 벼슬을 한 이들이 있는 사대부 집안에서 태어났다. 젊은 시절 한때는 스스로 족보를 내세우며 으스댄 적도 있었다. 그러나 아나키스트가 된 뒤의 도연명은 그 허망한 명분을 버리고, 밑바닥 농사꾼이자 쌍놈으로 사는 것을 자부심으로 삼았다.

그래서 나는 그에 대해 쓴다. 그는 금수저도, 은수저도, 동수저도 아닌 흙수저였기에, 바로 그 점에서 나에게 더 가깝게 다가온다. 중국 주장시에 있는 도연명 기념관과 묘소를 처음 찾아갔을 때, 나는 적잖이 섭섭했다. 다른 저명한 인물들의 기념관과 견주면 너무나 초라해 보였기 때문이다. 마치 중국인들이 도연명을 그다지 중시하지 않는 것처럼 느껴졌다. 하지만 시간이 지나며 생각이 달라졌다. 그 소박함, 그 초라함이야말로 도연명다운 것이었다. 이 책은 그런 도연명에게 바치는 책이다. 동시에 이 세상 모든 농사꾼에게 바치는, 화려하지는 않지만 정직하고 소박한 책이다.

도연명은 살아 있을 때부터 크게 주목받지 못했다. 61년의 생애 동안 그가 맡은 벼슬은 모두 합쳐 3년도 되지 않았고, 그나마 최고가 면장에 불과했다. 네 번이나 벼슬을 옮기다가 결국 모든 것을 내려놓고 농사꾼으로 살았다. 그의 손에서 나온 시는 대부분 농촌의 삶을 노래한 것이었다. 그래서 관료주의와 물질주의가 뿌리 깊은 중국 사회에서, 당대 사람들에게는 하찮게 여겨졌을지도 모른다.

그러나 1,600여 년이 지난 오늘, 우리는 그 소박한 시들 속에서 여전히 힘을 얻는다. 「귀거래사」나 「도화원시」를 좋아했던 이들은 많았지만, 정작 그 뜻을 삶으로 이어간 이는 드물었다. 이규보 같은 시인들조차 겉멋으로 흉내 내는 데 그쳤다. 과거나 지금이나, 관료주의와 물질주의가 여전히 기승을 부리는 세상에서 도연명을 진정으로 이해하는 이는 많지 않았을 것이다. 하지만 그렇기에 도연명의 시는 더욱 빛난다. 권력의 그림자에 가려져도 사라지지 않는, 농사꾼의 삶에서 길어 올린 단단한 빛이 거기에 있기 때문이다.

도연명에 관한 책은 지금까지도 많이 나왔다. 하지만 그 대부분은 그를 단순히 전원시인이나 자연시인으로만 설명한다. 여러 권의 책이 그렇게 말하다 보니, 마치 그것이 유일한 해석처럼 굳어졌다. 그러나 내가 이 책에서 말하고자 하는 것은 과거의 전원이나 자연으로 돌아가자거나, 더 나아가 19세기 이전의 소농사회로 회귀하자는 주장이 아니다. 그것은 불가능한 일일 뿐만 아니라 불필요한 일이다. 무엇보다 당시 사회는 엄연한 계급사회였고, 대다수 가난한 이들은 지독하게 못 살았다. 나는 그런 세상을 꿈꾸고 싶지 않다.

더구나 스스로 농사 한 번 지어보지 않은 채, 고급 아파트의 책상 앞에서 "소농사회로 돌아가자!"고 외치는 엘리트주의적 시선에는 동의할 수 없다. 내가 문제 삼는 것은 소농이냐 대농이냐, 농업이냐 공업이냐의 문제가 아니다. 진짜 문제는 서울대-지배계급-부라는 식으로 이어지는 뿌리 깊은 계급화, 곧 엘리트주의다. 교육의 문제점을 말하려거든 먼저 자신의 출신 대학, 서울대나 연고대의 해체부터 주장해야 마땅하지 않겠는가. 그러나 그런 사람은 좀처럼 찾아보기 어렵다.

도연명은 달랐다. 그는 대인 문벌 사회에서 소외된, 소위 '소인'이자 백성이었고, 천대받던 쌍놈의 자리를 기꺼이 자부심으로 삼았다. 바로 그 지점에서 나는 도연명을 다시 불러내고 싶었다.

내가 굳이 이 책을 쓰는 이유는, 통설과 달리 도연명을 농사꾼 아나키스트이자 유토피안으로 보기 때문이다. 아나키스트란 모든 권력에 반대하는 사람이고, 유토피안이란 아직 현실에 없는 이상사회를 꿈꾸는 사람이다. 도연명은 불과 3년도 안 되는 벼슬 생활을 과감히 버리고, 거의 평생을 시골에서 농사를 지으며 살았다. 임금도 귀족도 없는, 누구나 농사를 지으며 평등하게 살아가는 세상을 꿈꾼 그는, 내가 보기에 아나키 유토피안의 전형이다. 지금까지 국내외 어디에서도 이렇게 읽어낸 경우가 없었기에, 나는 이 책을 쓰게 되었다.

도연명에 대한 해석은 다양하다. 그러나 그를 전원시인이나 자연시인으로만 부르는 것은, 고향에 잠시 내려와 전원시를 흉내 내던 부자 선비들이 만들어낸 '한량 도연명'의 이미지일 뿐이다. 나는 그런 도연명에는 관심이 없다. 또 '위대한 중국 시인'이라는 표준 답안에도 덧붙일 말이 없다. 국내외의 수많은 연구서를 참고했지만, 이 책을 쓰는 데서는 거의 도움이 되지 않았다. 내가 찾은 도연명은 책 속에서가 아니라, 땅 위에서 살아 숨 쉬던 농사꾼의 도연명, 권력을 거부한 아나키스트의 도연명이었기 때문이다.

나는 이 책이 농사꾼들에게 많이 읽히기를 바란다. 굳이 1,600여 년 전 중국에, 자기 마음을 노래해준 시인이 있었다는 사실을 아는 것이 꼭 필요해서가 아니다. 또 오늘의 농사꾼이 도연명처럼 살아야 한다고 주장하는 것도 아니다. 중요한 것은, 인간이라면 누구나 의식주를 스스로 마련해야 한다는 단순한 사실, 그래서 모두가 자유롭고 평등한 존재라는 믿음이다. 이 믿음을 농사꾼의 마음속 신념으로 새기고, 어떤 어려움이 있어도 그 신념을 지키며 살아가는 것, 바로 그것이다.

도연명은 그런 세상을 꿈꾸며 살아냈다. 그러나 1,600년이 지난 지금도 세상은 여전히 어지럽다. 그가 그렇게도 싫어했던 벼슬길과 부에 대한 욕망은 사라지기는커녕 오히려 더 기승을 부리고 있다. 그렇다면 오히려 지금이야말로 도연명처럼 농사꾼의 마음을 다져야 하지 않을까. 그래서 백석이 끝내 이루지 못한 「귀농」의 꿈을, 우리가 이어받아 실천해야 하지 않을까.

도연명 연보

365년	심양 시상에서 태어나다.
372년(7세)	부친 돌아가다.
376년(11세)	서모 돌아가다.
393년(28세)	첫 벼슬로 주좨주가 되지만 열흘 뒤 사직하다.
394년(29세)	아내가 돌아가다.
396년(31세)	후처 최씨와 재혼하다.
399년(34세)	두 번째 벼슬인 진군참군이 되어 2년 정도 근무하다.
401년(37세)	모친 돌아가다. 사직하다.
404년(39세)	세 번째 벼슬인 진군참군이 되어 반년을 근무하다.
405년(40세)	네 번째 벼슬인 팽택현령이 되었으나 두 달 뒤 사직하다.
406년(41세)	상경에서 원전으로 이사해 농사를 짓다.
408년(43세)	원전에 불이 나다.
410년(45세)	남촌으로 이사하다.
412년(47세)	상경으로 이사하다.
415년(50세)	학질에 걸려 고생하다.
422년(57세)	「도화원시」를 짓다.
427년(62세)	「자제문」을 쓰고 학질로 돌아가다.

여산 혜원(慧遠, 334~416), 도연명(陶潛, 365~427),
도교(道敎)의 대가인 육수정(陸修靜, 406~477)

더 읽어보기*

구마라습

(鳩摩羅什, 344~413)

  구마라습(344~413)은 중국 불교사에서 가장 중요한 역경가(譯經家) 가운데 한 사람이다. 아버지는 인도 출신의 승려였고, 어머니는 서역 구자국(龜玆, 쿠차)의 공주였다. 그는 어려서부터 총명하여 인도와 중앙아시아의 불교를 두루 익혔으며, 특히 용수(龍樹)의 중관학과 유가행파(瑜伽行派)에 깊이 통달했다. 본래 구자국에서 활동했으나, 그의 명성이 널리 알려져 전진(前秦)의 부견이 그를 초청하려 했다. 그러나 전란으로 인해 뜻을 이루지 못했고, 이후 후진(後秦)의 요흥(姚興)에 의해 장안으로 들어오게 되었다. 장안에 정착한 뒤 그는 국가적 후원을 받으며 대규모 번역 사업을 펼쳤다.

* 본문에 나오는 인명이나 개념을 가나다순으로 소개했다(편집자 주).

구마라습은 방대한 불교 경전을 한역했는데, 그 번역이 간결하고 유려하여 중국어 문체에 자연스럽게 녹아들었다. 대표적 번역으로 『묘법연화경(妙法蓮華經)』, 『금강반야경(金剛般若經)』, 『중론(中論)』·『백론(百論)』·『십이문론(十二門論)』 등 삼론종의 근본 경론, 그리고 『아비달마구사론(阿毘達磨俱舍論)』 일부가 있다. 그의 번역을 통해 불교 교리의 깊이와 문학적 완성도가 동시에 중국에 전해졌다.

구마라습의 번역은 불교가 중국 문화 속에 깊이 뿌리내리는 데 결정적인 역할을 했다. 그는 난해한 산스크리트 용어를 중국적 표현으로 바꾸어 불교 교리를 대중이 이해할 수 있도록 했다. 또 중관사상의 철학적 정수를 소개하여 후대 삼론종이 발전할 토대를 마련했다. 그의 번역은 단순한 언어 작업을 넘어, 인도 불교와 중국 문화를 잇는 다리 역할을 하며 동아시아 불교 전체에 장기적인 영향을 주었다.

구마라습은 요흥의 보호 속에서 번역에 전념했으나, 한편으로는 정치적 억류 상태에 있었다. 후대에는 그의 번역의 권위를 뒷받침하는 전설적 일화가 전해진다. 제자들이 그의 번역이 과연 진실한지 의심하자, 그는 "내가 죽은 뒤 혀가 불타지 않으면 진실의 증거가 될 것"이라고 했다. 실제로 화장했을 때 그의 혀만 남았다고 전해진다. 이 이야기는 그가 남긴 번역의 가치를 신격화하는 상징으로 자리잡았다. 오늘날 구마라습은 불교의 중국화(中國化)를 가능하게 한 인물, 그리고 동아시아 불교문화의 초석을 놓은 번역가로 평가된다.

굴원

(屈原, 340?~278경)

굴원은 전국시대 초나라(楚)의 시인 겸 정치가이다. 명문 귀족 출신으로 초나라 회왕(懷王)의 신임을 받아 개혁 정치를 추진했으나, 보수 세력의 모함으로 실각했다. 이후 나라의 멸망을 걱정하며 방랑하다가 결국 초나라가 진(秦)나라에 패망하자 멱라수(汨羅水)에 몸을 던져 자결했다고 전해진다.

   그는 중국 최초의 개인 서정시인으로 불린다. 이전까지 시가 집단의 노래였다면, 굴원은 개인의 고뇌와 감정을 시 속에 드러낸 첫 인물로 평가받는다. 대표작은 『초사(楚辭)』에 실린 작품들인데, 특히 자신의 정치적 이상과 나라를 구하지 못한 비탄을 담은 장편 서정시로 중국 고전시의 백미라 불리는 「이소(離騷)」, 신화적 상상력과 철학적 질문을 담은 시편이라 일컬어지는 「구가(九歌)」, 「천문(天問)」 등이 유명하다. 굴원은 "충절, 이상, 현실 정치의 모순"을 시로 표현하여 후대 문인들에게 깊은 영향을 끼쳤다. 그는 또한 충절과 애국의 상징으로 기억된다. 유교 전통에서는 '살신성인(殺身成仁)'의 전형처럼 높이 평가되기도 한다.

   그의 시에는 권력자의 부패와 아첨을 거부하고, 덕치와 이상 정치를 염원하는 내용이 담겨 있고, 문학사적으로는 "개인적 자아를 발견한 최초의 시인"으로 꼽히는 등 후대 낭만적·비판적 시인들의 원형이 되었다.

상산사호
(商山四皓)

 '상산사호'란 진(秦)나라 말~한(漢)나라 초기에 세상일을 버리고 상산(商山, 지금의 중국 섬서성 남부 지역)에 은거했던 네 명의 노인을 가리킨다. 모두 백발의 현자라 해서 '사선(四皓, 네 늙은이)'라고 불렸다. '동원공(東園公)', '기리계(綺里季)', '하황공(夏黃公)', '녹리선생(甪里先生)'이 바로 그들이다.

 동원공의 정확한 이름은 전해지지 않지만, 사호(四皓) 중 맏이로 불린다. 은거의 상징적 인물로, 처음부터 벼슬을 거부하고 자연 속에서 살았다. 『사기』에 따르면, 진시황이 전국을 통일하고 인재를 찾을 때 "동원공 같은 이는 이미 속세를 떠났으니 얻을 수 없다."고 할 정도로 명성이 높았다. 후대에는 "벼슬하지 않는 청렴한 선비"의 원형으로 여겨졌다. 본서에서는 벼슬을 버리고 고향으로 돌아간 도연명의 이미지와 겹치는 부분이 있다.

 기리계의 '기리'는 지명이고, '계(季)'는 막내를 뜻한다. 즉 기리 땅의 막내라는 별칭이다. 그는 성품이 온화하고 학문이 깊었다. 진시황의 폭정과 이사(李斯)·조고(趙高)의 전횡을 보며 일찍이 세상을 등진다. 『한서』에 따르면 "사람됨이 겸손하고 말이 적어, 세인(世人)이 그를 존경했다."고 한다. 주로 겸허함과 침묵의 덕을 보여준 것으로 평가된다.

 하황공의 성은 하(夏), 이름은 전해지지 않으며 '황공(黃公)'은 노인을 뜻한다. 젊은 시절 학문을 닦아 도를 이루고도 벼슬에 나아가지 않았으며, 진시황의 천하 통일 이후에는 스스로 몸을 숨겼다고 전해진다. 특히 그는 "세상을 다스리는 일보다 마음을 다스리는 일"을 중시했다고 한다. 내면의 평정과 자기 수양의 본보기로 거론된다.

녹리선생(角里先生)에서 '녹리'는 마을 이름이고, 역시 이름은 전해지지 않는다. 네 사람 중 가장 지혜롭고 기지가 뛰어난 인물로 묘사된다.

유방(劉邦)이 즉위한 뒤 태자 문제로 고민할 때 장량(張良)이 이 네 사람을 찾아가 설득했고, 그들이 태자를 도와 궁정 정치의 균형을 잡게 함으로써 유가적 정통 계승을 지켜냈다는 전설적인 이야기가 전해진다. 이 일화는 중국 정치사상에서 '은자의 권위'를 상징한다.

안회

(顔回, B.C. 521~B.C. 490)

자(字)는 자원(子淵), 출생지는 노나라(魯國)이다. 춘추시대 말기에 활동하다가 30세 혹은 32세에 요절했다고 전해진다.

안회는 집안이 매우 가난했다. 그래서 대나무로 만든 밥그릇과 흙으로 만든 술잔을 쓰며 살았다고 전해지는데, 그러한 가난한 환경 속에서도 도(道)를 배우는 데 전념했고, 공자는 그를 보며 늘 감탄했다고 한다.

『논어』에는 공자가 안회를 자주 언급한다. 그중 유명한 구절은 "현명하구나, 안회여! 대그릇 하나에 담긴 밥과 한 바가지의 물로 누추한 골목에서 살아도, 남들은 견디지 못할 근심을 그는 즐거움으로 바꾸는구나."라는 것이다. 이 문장에서 드러나듯, 안회는 외적 조건이 아니라 내적 수양으로 행복을 얻은 사람으로 그려진다. 공자가 늘 말하던 "안분지족(安分知足)", 즉 자신의 처지를 편안히 여기고 도를 즐기는 삶을 실천한 인물이었다고 평가된다.

안회는 도덕적 성찰과 자기 수양을 중시했다. 특히 스승인 공자의 가르침 중 "인(仁)"의 핵심을 가장 잘 이해한 제자였다. 공자가 "회야는 배우기를 좋아한다(回也好學)."고 했던 이유도, 그가 단순한 지식이 아니라 '인(仁)을 체득하는 배움'을 실천했기 때문이다. 『논어』「옹야(雍也)」편에서 공자는 "다른 제자들은 말을 잘하지만, 회는 말이 적다."고도 했다. 즉, 실천이 언어보다 앞선 인물로 평가된다. 그러나 안회는 젊은 나이에 세상을 떠났다. 공자는 그의 죽음을 몹시 슬퍼하며 이렇게 말했다. "아아! 하늘이 나를 버렸구나! 하늘이 나를 버렸구나!" 그만큼 공자에게 안회는 단순히 제자 중 한 사람이 아니라, 자신의 사상을 온전히 이해하고 이어줄 유일한 사람이었던 것이다.

안회는 유교 사상 전통에서 주로 '덕의 완성자'이자 '겸허와 절제의 모범', 그리고 '도덕적 행복'의 상징으로 자리잡았다. 맹자도 『맹자』「진심(盡心)」편에서 안회를 언급하며 "그는 하늘을 원망하지 않고 사람을 탓하지 않는다."고 찬양했다. 조선 성리학자들도 안회를 '군자의 전범(典範)'으로 자주 인용했다. 예를 들어 퇴계 이황은 안회를 "지극한 인덕(仁德)의 사람"이라 칭했다.

유유

(劉裕, 363-422)

도연명과 같은 시대, 동진 말기에서 남송 초기에 걸친 군주로 송(宋)나라를 세운 사람, 바로 송 무제(宋武帝)이다.

유유는 원래 가난한 집안에서 태어났다. 젊은 시절에는 나무를 해다 팔거나 물건을 운반하며 생계를 꾸렸다고 한다. 하지만 용감하고 결단력 있는 성품으로 혼란한 시대에 군에 들어가 두각을 나타낸다. 당시 동진(東晉)은 귀족들이 권력을 독점하는 등 부패의 절정에 있었는데 유유는 이때 여러 반란을 진압하면서 민심과 군권을 장악하고, 결국 나라를 사실상 손에 넣는다. 대표적인 전공으로 환현(桓玄)의 반란 진압(이로써 명성을 얻게 됨), 북벌 감행으로 후진(後秦)의 수도 장안 함락 등이 있다. 나중에는 후연(後燕)까지 공격해 옛 중원 일부를 되찾기도 했다. 이 모든 공으로, 그는 민중에게 "진정한 영웅"으로 칭송받았다. 하지만 그가 세운 공이 너무 커지자 명목상의 황제였던 진 안제(晉安帝)와 그 일족이 불안해했고, 결국 유유는 쿠데타를 일으켜 진나라를 멸망시키고 420년에 스스로 황제에 올라 송(劉宋)을 세운다. 이때가 바로 남북조 시대의 시작 지점이다.

유유는 현실주의자이자 무력형 군주였다. 도덕이나 명분보다는 "백성을 살리고 나라를 세운다."는 실리를 중시했지만, 잔혹한 면도 있었다. 경쟁자를 가차 없이 제거했고, 귀족 중심의 진 왕조를 완전히 무너뜨리며 "무(武)"의 시대를 열었다. 그래서 유교적 관점에서는 '하늘의 뜻을 거스른 찬탈자'로 평가받기도 했고, 도연명 같은 사람에게는 정통(正統)을 어지럽힌 인물로 여겨졌다.

도연명은 젊은 시절, 진 왕조의 관리로 일했는데 그 진 왕조를 유유가 멸망시켰기에 이 사건이 도연명에게는 결정적 충격이었다. 그는 벼슬길에서 물러나며 이렇게 말했다. "진나라가 멸망하고 천하가 바뀌었다. 나는 새 왕조를 섬길 뜻이 없다." 즉, 유유의 찬탈을 도덕적·정통적 붕괴로 본 것이다. 이후 도연명은 평생 벼슬하지 않고 농사짓는 삶을 택한다.

허행
(許行, 기원전 770~403)

허행은 전국시대 제자백가 가운데 농가(農家)를 대표하는 인물이다. 이름은 널리 알려지지 않았지만, 후대 기록에서 그의 사상은 분명히 독립된 한 갈래로 전해진다. 그는 인간의 삶에서 농업이야말로 가장 근본적이고 보편적인 활동이라고 보았고, 다른 직능이나 권력은 농업의 토대 위에서만 가능하다고 여겼다. 따라서 허행은

"사람이 남의 노동을 수탈해서는 안 되며, 누구든 땅을 직접 일구어야 한다."는 사상을 강조했다.

허행의 핵심은 '자식기력(自食其力)'에 있다. 곧 모든 사람이 남에게 기대지 않고 스스로 일해 먹고살아야 한다는 원칙이다. 그는 농업 외의 생업을 경시했으며, 특히 교역이나 분업이 사회를 불평등하게 만든다고 비판했다. 더 나아가 군주와 신하, 귀족과 백성이 모두 똑같이 밭을 갈아야 한다며 "군신병경(君臣幷耕)"이라는 과격한 표현까지 썼다. 이는 단순한 생활 윤리를 넘어, 권력 질서를 부정하고 모든 사람이 동일한 방식으로 노동해야 한다는 급진적 평등사상이었다.

맹자를 비롯한 유가 학자들은 허행의 주장을 강하게 비판했다. 맹자는 정치와 행정, 교육과 제례 같은 일들은 농사와 다른 '대인의 일(大人之事)'이라 규정하며, 모두가 농사만 지으면 국가는 무너진다고 했다. 분업은 사회가 유지되고 발전하기 위해 반드시 필요하다는 것이다. 실제로 허행 자신도 농사만으로 생활을 유지할 수 없었고, 도구나 생활용품은 다른 사람과 교환해야 했다. 이런 모순은 그의 사상의 현실적 한계를 드러냈다. 그러나 맹자가 제기한 강한 반론 자체가 허행 사상이 당시 사회에 일정한 영향력을 끼쳤음을 방증한다.

허행의 주장은 지나치게 이상적이고 비현실적이었지만, 그 안에는 중요한 문제의식이 담겨 있다. 농업을 사회의 토대로 세우려는 그의 발상은 착취와 불평등을 거부하는 저항적 사유였다. 권력과 분업이 만들어내는 위계와 수탈의 구조를 부정하고, 모든 사람이 자급자족하는 평등 공동체를 이상으로 내세운 것이다. 이런 점에서 농가 사상은 단순한 생활 규범을 넘어, 노동 존중과 반(反)지배의 사상적 전통으로 읽을 수 있다. 오늘날 시각으로 보면 이는 일종의 '급진적 유토피아 실험'이자, 피지배 계층의 정당한 요구를 대변하는 목소리이기도 했다.

도연명은 벼슬살이를 단호히 포기하고 평생 농사를 지으며 살았다. 그는 시 속에서 자연을 예찬했지만, 그것은 단순한 한가로운 전원 취미가 아니었다. 임금도 귀족도 없는 평등한 농민 공동체, 권력과 위계가 사라진 삶을 그려낸 것이었다. 이러한 점에서 도연명의 삶과 시는 허행의 농가 사상과 깊은 친연성을 가진다. 허행이 논리와 주장을 통해 "모두가 땅을 갈아야 한다."고 외쳤다면, 도연명은 스스로의 삶과 문학을 통해 이를 실천했다. 두 사람 모두 권력을 거부하고 농업을 중심에 둔 비지배·비착취 사회, 곧 아나키 유토피아를 그려냈다고 할 수 있다.

내 친구 도연명
농사꾼 아나키스트 시인
ⓒ 박홍규 2025

초판 1쇄 2025년 12월 12일
지은이 박홍규
펴낸이 이채진
디자인 유랙어
펴낸곳 틈새의시간
출판등록 2020년 4월 9일 제406-2020-000037호
주소 경기도 파주시 하늘소로16, 104-201
전화 031-939-8552
이메일 gaptimebooks@gmail.com
페이스북 @gaptimebooks
인스타그램 @time_of_gap

ISBN 979-11-93933-18-3(03300)

* 책값은 뒤표지에 있습니다. 잘못 만들어진 책은 구입하신 서점에서 교환해드립니다.
* 이 책 내용의 일부 또는 전부를 재사용하려면 반드시 저작자와 틈새의시간 양측의 서면 동의를 받아야 합니다.